中国财务与投资前沿研究丛书

中国企业双重上市与企业溢价研究

A Study on the Dual Listing and Bonding Premium in China

沈红波 ◎著

北京大学出版社
PEKING UNIVERSITY PRESS

图书在版编目(CIP)数据

中国企业双重上市与企业溢价研究/沈红波著. ─北京：北京大学出版社,2008.8

(中国财务与投资前沿研究丛书)

ISBN 978 - 7 - 301 - 14186 - 1

Ⅰ.中… Ⅱ.沈… Ⅲ.上市公司 - 企业管理 - 研究 - 中国 Ⅳ.F279.246

中国版本图书馆 CIP 数据核字(2008)第 129365 号

书　　　名：中国企业双重上市与企业溢价研究
著作责任者：沈红波　著
策 划 编 辑：朱启兵
责 任 编 辑：朱启兵
标 准 书 号：ISBN 978 - 7 - 301 - 14186 - 1/F·2017
出 版 发 行：北京大学出版社
地　　　址：北京市海淀区成府路 205 号　100871
网　　　址：http://www.pup.cn　电子邮箱：em@pup.pku.edu.cn
电　　　话：邮购部 62752015　发行部 62750672　编辑部 62752926
　　　　　　出版部 62754962
印 刷 者：北京汇林印务有限公司
经 销 者：新华书店
　　　　　　650 毫米×980 毫米　16 开本　11.75 印张　167 千字
　　　　　　2008 年 8 月第 1 版　2008 年 8 月第 1 次印刷
印　　　数：0001─4000 册
定　　　价：23.00 元

未经许可，不得以任何方式复制或抄袭本书之部分或全部内容。
版权所有，侵权必究
举报电话：010 - 62752024　电子邮箱：fd@pup.pku.edu.cn

编委会名单

主　编

吴世农/厦门大学

编委（按拼音排序）

曹　勇/南洋理工大学	陆正飞/北京大学
陈小悦/清华大学	曲晓辉/厦门大学
陈　晓/清华大学	沈艺峰/厦门大学
陈信元/上海财经大学	孙　谦/厦门大学
陈志武/耶鲁大学	孙　铮/上海财经大学
洪永淼/康奈尔大学	仝允桓/清华大学
李若山/复旦大学	张　华/香港中文大学
李善民/中山大学	张　维/天津财经大学
刘　锋/麦吉尔大学	赵德武/西南财经大学
刘　力/北京大学	周春生/长江商学院
刘志远/南开大学	

总　　序

综观过去 30 年公司财务(Corporate Finance)与资本市场(Capital Market)的研究动态,这一领域的研究发生了一些革命性的变化,通过与不同学科(例如,经济学、心理学、法学、非线性动力学、金融学、投资学、会计学和审计学等)的相互碰撞和融合,产生了一系列具有挑战性的新课题。我认为,以下四方面新的研究课题反映了当代公司财务和资本市场研究发展的新趋势。

第一,公司财务和资本市场的研究与公司治理的研究相互融合,探讨公司治理是否对公司财务产生影响、为什么影响和如何影响。传统的公司财务都是在一般均衡条件下讨论成本最小化或收益最大化,而忽略了公司的股权结构、董事会构成、总经理与董事会关系、经理持股、经理薪酬制度等对公司财务政策的影响。事实上,近年来的许多案例和研究成果都表明,无论是在国内还是在国外,公司治理因素对公司财务政策选择和业绩都具有显著影响。但迄今为止,在公司治理如何影响公司的资本结构、融资方式、股利分配政策、投资决策和业绩等方面,并没有明确的结论;公司治理是否影响公司资产定价,即"公司治理溢价"(Corporate Governance Premium)是否存在？等等。由此可见,公司财务与公司治理之间的关系仍是一个值得深究的"谜"！

第二,公司财务和资本市场的研究与心理学及行为科学的研究相互融合,探讨管理者和投资者的非完全理性行为是否以及如何影响公司财务政策、投资决策和资产定价等。传统的公司财务和投资理论都是在理性投资者或管理者的前提下讨论财务理论和投资理论的,但研究发现,不仅投资者存在非理性行为,而且管理者也存在非理性行为。这些发现对传统的财务理论和投资理论无疑是个巨大的挑战。也正是由于这些发现,使得研究者开始从心理学的视角来解释公司财务和资本市场存在的某些反复出现、却难以用传统的财务理论和投资理论来解释的"异象"(Anomalies),例如,为什么股票价格涨(跌)得越快,投资者买(卖)得越多,即使股价已经超过(低于)其价值?从心理学角度研究投资行为和理财行为,推动了行为金融(Behavior Finance)和行为公司财务(Behavior Corporate Finance)这些新思想和新理论的产生与发展。

第三,公司财务和资本市场的研究与法律的研究相互融合,探讨法律是否以及如何影响公司财务政策和投资行为等。法律作为公司外部治理变量,早年属于公司治理研究的范畴,但近年来,法律与公司财务及投资的关系研究纷纷兴起,特别是投资者法律保护是否影响公司的股权结构、财务政策选择和投资决策?投资者法律保护是否能够提高公司的价值?等等。当前,"法律与金融"(Law and Finance)以及"法律与公司财务"(Law and Corporate Finance)已经成为财务和资本市场研究的新领域。

第四,公司财务和资本市场的研究与微观结构(Microstructure)的研究相互融合,探讨从微观的视角,采用高频数据(High Frequency Data),研究投资者潜在需求如何最终转化为公司资产价格和交易量的过程。更具体地说,微观结构思想和方法的导入,使得我们能够更加细致地观测各种信息与资产价格及交易量之间的变动过程和关系、价格形成与交易规则之间的关系、信息透明度与交易行为及交易策略的关系、流动性程度与资产收益的关系,也有助于我们从市场微观结构解释股票首次公开发行(IPO)、股票拆细、小公司股票筹资、境内资本市场分割、外汇交易市场等"谜题"。

本系列丛书的作者正是立足财务与投资研究的前沿,结合国情,以中国上市公司和资本市场为研究对象,针对中国上市公司面临的财务政策、融资与投资决策、公司治理与财务管理、投资者行为等相关问题展开专题研究,发现并提出许多具有科学意义和应用价值的结论和建议。我相信,本系列丛书所介绍的研究成果,不但有助于我国高校理财、会计、金融、投资专业的教师和研究生,也有助于证券业研究机构的研究人员拓展研究思路,拓宽研究视野,掌握研究动态和深化我国财务和投资的研究;不但有助于我国上市公司、投资基金和证券业的财务和投资管理工作者深入了解我国上市公司财务管理和资本市场面临的问题以及公司的财务行为、投资者行为和资本市场的变化趋势,掌握基于价值创造理念以科学地制定上市公司的财务政策和投资决策的原理,进一步完善上市公司的财务制度和治理结构,做好财务管理工作,也有助于证券监管机构的管理者了解上市公司的财务行为及其成因,以及资本市场投资者行为及其成因,为制定和完善我国证券市场监管政策提供科学依据。

本系列丛书的撰写和出版得到福耀玻璃工业集团总裁曹德旺先生的关心和支持。福耀玻璃工业集团本着办好民族企业和为股东创造价值的理念,艰苦创业,注重技术创新和管理创新,强调品质第一,以质量强化品牌,不断开拓市场,研究国内外市场需求变化,加强财务管理,追求投资效益。福耀玻璃工业集团所生产的汽车玻璃先后赢得了国内外诸多荣誉,成为优秀的民族品牌,企业的经济效益也日益上升,成长为一个"价值创造型企业",不断为股东创造价值,并为投资者带来丰厚的回报。曹先生办企业兴民族产业的卓越领导才能,举善事以回报社会的爱国爱乡之心,有口皆碑。我谨代表本系列丛书的全体作者,真诚地感谢曹先生和福耀玻璃工业集团对学术研究的支持!

本系列丛书的出版,得到原北京大学出版社梁鸿飞博士及北京大学出版社其他同事的理解和支持。梁博士以敏锐的学术眼光和高超的专业精神,对本系列丛书的定位、选题、学术价值、编委会组成等,提出了诸多宝贵的意见和建议,特此致谢!此外,本系列丛书的编选和出版,还得到国内外同行专家的帮助和支持,他们都是财务与投资研究领域的杰出学者。因此,我还要代表全体作者深深感谢全体编委会成员,他们为提高这套丛书的学术价值和质量作出了重要的贡献!

吴世农

2006 年 2 月于厦门大学芙蓉湖畔嘉庚楼

摘 要

双重上市(Dual Listing)是指同一家公司分别在两个不同的证券交易所挂牌上市的行为。随着全球经济一体化的发展和各国金融管制的逐渐放松,国际资本流动日趋自由化,同时世界各主要金融市场,特别是证券交易所在竞争与合作的过程中不断加强联盟,企业的双重上市也日趋频繁。在这种大的国际经济背景下,中国公司也逐步走向境外证券市场。同时,随着中国经济的快速持续发展,世界各主要交易所都把目标瞄向中国,吸引中国公司到境外交易所上市交易。优质的国内公司,也成了各国交易所争抢的对象。在这种形势下,深入分析企业双重上市的动因及其后果,对我国资本市场乃至金融经济的发展具有非常重要的意义。

相比境内上市的A股公司,双重上市的AH股公司面临着更加严格的法律环境和市场环境。从理论上分析,企业到更加严格的市场上市,法律环境、公司治理、投资者素质以及盈利质量都将会有较大改善,A股市场的投资者对其估值也应当有一个溢价。本书采用实证研究方法,证实了AH股公司溢价的存在性,并从信息环境和盈利质量的角度研究了溢价产生的动因。本书的研究表明,法律保护和市场环境越完善,企业溢价越高。在当前国家大力推进优质国有企业在A股市场上市的背景下,培育良好的市场环境和法律环境显得更加迫切和重要。

本书的主要内容

本书研究的思路是先检验境外上市的溢价效应,即在境外上市的公司在A股市场有更好的估值,然后从信息环境和盈利质量分析溢价可能存在的原因。全文共分六章,其主要内容如下:

第一章提出了研究问题,指明了研究意义。本书首先以境外上市动因为主线,对西方境外上市融资理论进行了系统介绍,包括:市场分割理论、捆绑理论和熟悉偏好假设等。同时,简单回顾了我国学者对境外上市的相关研究。在理论回顾的基础上提出了本书的研究方向和主要构思。

第二章在分析全球境外上市背景的基础上,详细分析了中国企业境外上市的现状并系统总结了 H 股的发展历程及作用,包括 H 股与 A 股市场在外部环境上的差异。最后深入分析了企业境外上市的动机。

第三章是企业双重上市的溢价效应研究。本书首先提出并实证检验了"溢价"的存在性,即到境外上市的 AH 股公司由于面临更加严格的外部环境,因此本土市场的投资者对其有一个更高的估值。本书借鉴 Doidge、Karolyi 和 Stulz（2004）的捆绑理论（Bonding Hypothesis）研究了双重上市的溢价现象。为了控制内生性问题,我们分别采用 Heckman 检验和 AB 股上市前后的比较分析。鉴于企业价值有多种形式,我们除了采用 PB、PE 等指标外,还采用 Ohlson-Juettner 模型研究了境外上市对预期资金成本的影响。

提出中国企业双重上市"溢价"现象之后,第四章先研究了公司双重上市对提高企业信息环境的作用,然后进一步分析信息环境的改善对提高企业价值的影响(我们用证券分析师人数、证券分析师的准确度来计量信息环境)。研究发现,AH 股公司的证券分析师人数显著高于 A 股公司,即使控制了内生性问题以及采用两阶段回归之后,这种结论依然成立,而信息环境的改善能够使企业有更好的估值。

第五章从盈利质量角度研究了溢价存在的动因。实证检验的思路是境外上市提高了盈利质量,而盈利质量的提高提升了企业估值。盈利质量包括盈余管理、会计稳健性和价值相关性。我们主要采用截面调整后的 Jones 模型和修正的 Jones 模型来衡量盈余管理,同时采用收益平滑和线下项目作为补充。在会计稳健性上,我们以 Basu(1997) 模型为基础,结合 Ball 等（2001）的研究方法,研究境外上市对会计盈余稳健性的影响。在价值相关性上,本书借鉴 Eli Amir(1993) 的价值相关性方法,用会计收益相关模型研究了相对价值相关性。实证研究发现,境外上市能够抑制盈余管理,进一步讲,盈余管理的抑制能够增加企业的估值。但是对于会计盈余稳健性和价值相关性没有得到一致的结论。

第六章总结全文,得出研究结论,提出政策建议,并指出研究局限和进一步的研究方向。

各章的相互关系是:第一章主要是提出研究问题,界定研究范围;第二章是对企业境外上市的背景和现状的分析,目的是介绍企业境外上市的制度背景,为第三章的实证研究作铺垫;第三章是本书的核心,主要从境外上市对企业价值的影响,以及境外上市对预期资金成本的影响这两个方面来验证境外上市的"溢价"效应;第四章和第五章分别从信息环境和会计信息质量来探讨"溢价"可能存在的原因;第六章总结全文,得出研究结论,在理论分析和实证研究的基础上,提出政策建议,并指出研究局限和进一步的研究方向。

本书的创新之处

研究内容方面:(1)本书在国内首次采用分析师的数据比较了 A 股和 AH 股在信息环境方面的差异,这是在信息披露与法律环境方面的一个突破,也弥补了国内在信息环境研究方面的空白;(2)采用全面的盈余管理方法,比较信息披露和法律环境对盈余管理的影响,并进一步研究盈余管理对企业价值的影响;(3)结合中国特有的背景,研究境外上市对会计盈余稳健性的影响;(4)研究了信息披露与法律环境对中国预期资金成本的影响,预期资金成本是公司财务研究的最新领域,这对研究中国企业资金成本也是新的突破。

数据收集方面:国内关于企业境外上市问题的经验研究并不多,其中一个重要的原因就是数据难以取得。本书立足同时发行 A 股和 H 股的上市公司来研究境外上市的溢价效应,利用 Wind 咨讯数据库和天软金融分析得到上市公司的数据。此外,本书还利用"今日投资"数据库的盈利预测数据研究境外上市对信息环境的影响。

研究方法方面:国内学者主要从规范的角度来研究企业双重上市问题。本书根据经济学、会计学的相关理论,结合我国制度背景,用理论模型建立企业境外上市的理论框架,并利用上市公司年度财务报表中的相关数据,使用非参数检验、回归分析、两阶段最小二乘法、Heckman 内生性检验、路径分析、受限模型 Wald 检验、面板数据法等统计方法进行全面和深入的实证研究。

本书对境外上市和市场建设的建议

本书从法律保护和信息披露的视角研究了双重上市对企业价值的贡献,通过实证分析,我们可以了解企业选择在境内还是境外上市,最根本的选择标准是良好的市场环境和法律环境。这就跳出了境外上市短期利弊的圈子。在当前国家大力推动优质国有企业回归 A 股市场的背景下,积极塑造良好的市场环境和法律环境显得更加迫切和重要。

(一)以市场化手段推动境外上市融资

从本书的结论以及国际经验来看,企业境外上市后由于投资者素质以及盈利质量的提高,使企业有更高的估值。境外上市实质上是企业"租用"了境外市场良好的法律和公司治理体系。因此,如果境外上市能够融资而且改善公司治理,那么应当让企业自主选择是否境外上市并承担风险,如推动大型银行境外上市。因此,在我国市场经济体制日益发展的过程中,一方面企业融资体制要逐步市场化;另一方面政府要逐步放松管制,改变监管方式。

(二)加强市场基础制度建设,加快国际协调,提高盈利质量

在有效促进企业境外上市的同时,必须加强国内市场基础制度建设,包括投资者保护、信息披露制度,并将市场监管的基础工作标准化,加快与国际标准的协调、融合,具体包括:逐步建立严格的监管和执法体系,提高盈利质量;加强与国际证券监管委员会组织(IOSCO)等其他国际性组织的沟通和联络;建立证券多国发行和上市的统一信息披露及会计标准,从而降低证券发行与上市的运行成本和管制成本等。

(三)加强证券分析师等相关行业的培植,建设良好的信息环境

金融是为经济服务的,在大量中国企业走向境外资本市场的同时,市场参与者(如分析师)应跟上发展的步伐,以塑造良好的外部信息环境。

关键词: 双重上市　企业价值　预期资金成本　信息环境　盈利质量

Abstract

Dual Listing means the act with a company listing on two separate stock exchanges. With economic globalization and deregulation of the financial systems in many countries, international capital flows have become increasingly flexible. More and more companies are taking advantage of cross-border listing. Increasing numbers of mainland companies such as China Mobile are also moving forward to overseas stock markets. There are some criticisms and debates on Chinese companies' cross-board listing. In such situations, deeply analyzing the motivation and consequences of cross-board listing has become a very important problem. However, few researches in China empirically study the influence of cross-board listing. Taking into account the importance of cross-listing, it is urgent to fill the gaps. Therefore, this book deeply analyses the motivation of Chinese companies cross-board listing, uncovers the influence of cross-listing on information environment, the quality of accounting information and firm value.

The main contents are as follows:

This book is divided into the following four main parts: The institutional background and motivation of enterprises' cross-listing, cross-listing and value creation, the influence of cross-listing on the information environment and the influence of cross-listing on the quality of accounting information.

Chapter one follows the thread of the motivation of cross-board listing, systematically introduces western financing theory of cross-listing, including market segment hypothesis, bonding hypothesis and the similarity preference hypothesis. Meanwhile, it simply retrospects Chinese scholar's research on cross-board listing. Basing on the theory retrospected, it puts forward the research framework.

Chapter two first analyzes the main forms of cross-board listing, and then analyses the situation of Chinese companies' cross-board listing and the history and influence of H shares, including its influence on Chinese companies and capital market and at last analyses the motivation of cross-board listing.

Chapter three studies the bonding premium effect, i. e. cross-board listing and value creation. This chapter first empirically analyses the existence of bonding premium effect, bonding premium here is referred as cross-listing companies and has a higher valuation than the non cross-listing companies. At the following chapters, we analysize the reason of bonding premium from the perspective of information environment and quality of accounting information. Basing on Doidge, Karolyi and Stulz (2004), we study the existence of premium from the theoretical perspective of the Bonding Hypothesis. In order to control the endogenous problem, we use the data of AB shares before and after listing, meanwhile, we use the Heckman test to control for the endogenous problem. In view of the various forms of firm value in use, we use PB, PE and other measures. As many scholars research the firm value from the perspective of cost of capital, we adopt Ohlson-Juettner's expected cost of capital to study the influence of cross-listing on the expected cost of capital. The empirical results find the existence of the "Bonding Premium" phenomenon that is the higher valuation for the cross-listing companies.

After putting forward bonding premium effect, chapter four analyses the reason of the "Bonding Premium" from the viewpoint of information environment. We analysed the influence of cross-listing on the information environment firstly, then analysed the improvement of information environment on firm value. The empirical results find that the analysts of AH shares are more than A shares significantly, and the improvements of information environment in turn add firm value. The path analysis supports the above argument.

Chapter five analyses the reason of the "Bonding Premium" from the earnings quality. Earnings quality here includes three aspects (earnings management, conservatism and value-relevance). We use the Jones model and modified Jones model to deal with earnings management, meanwhile, we use the earnings smoothing measures as the supplement to deal with conservatism. We use the Basu (1997) return model as a basis, combined with Ball's (2001) research method to study cross-listing's influence on conservatism. And we use the Eli Amir (1993) return model to deal with value-relevance. The empirical results indicate that cross-listing can curb earnings management, which in turn add firm value. However, the empirical evidence finds no consistent results for conservatism and value-relevance.

Chapter six summaries the whole paper and gets the conclusion, then puts forward some policy suggestions. After that, we point out the limitation and the direction for future research.

The relationship between the various chapters is as follows: chapter one is mainly to introduce the research problems, defines the scope of the study; chapter two is the institutional background and statues of dual-listing, which paves the way for the later empirical study; chapter three is the core of this book, which analyses the dual-listing bonding premium; chapter four and chapter five respectively then analyses the reasons of Bonding Premium from the perspective of information environment and the quality of accounting information; chapter six concludes the paper and puts forward the policy recommendations, points out the limitations of this paper and the future direction.

The main innovations of this paper are as follows:

The research contents: (1) We compare the information environment of the A shares and AH shares using the analysts' data, which is the first effort in China. (2) We analyse the influence of the information disclosure and law on the earning management, conservatism and value-relevance. (3) We analyse the influence of information disclosure and law on the expected cost of capital, which is the first effort in China.

The data collection: The research of cross-listing progresses slowly, one reason of which is the difficulty of data collection. This paper uses the Windwise database to collect the listed companies' financial data. What's more, we use the earnings forecast data from the "Investor Daily" database to analyse the cross-listing's influence on the information environment.

The research methods: Basing on economics, accounting and related theories in light of our institutional background, this book establishes theoretical models as the framework, after that, we use non-parameter test, regression analysis, two-stage analysis, Heckman endogenous test, path analysis, panel data etc. for thorough and comprehensive study.

The policy suggestions here are as follows:

This book analysed the influence of cross-listing on firm value from the perspectives of legal protection and information disclosure. Through empirical analysis, we realized that the most fundamental selection criteria of the option of listing at home or abroad are good market environment and legal environment. Therefore, it is urgent to create a favorable market environment and legal environment needed.

1. Promote cross-listing by market-oriented measures

From the book's conclusions, as well as the international experience, cross-listing can increase the firm value. In fact, Cross-listing enterprises essentially "rent" the good corporate governance and legal system of the overseas stock exchange. Therefore, if the cross-listing can improve the corporate governance and financing, then it should allow enterprises to choose whether or not cross-listing and take the risks. Therefore, financing system should be market-oriented. On the other hand, the government should gradually deregulate the financing system.

2. Strengthen the infrastructure of market-economy system, speed up international coordination and improve the quality of accounting information

When promoting cross-listing, it is necessary to strengthen the domestic market-economy system, including the protection of investors, information disclosure, accelerate with the international harmonization: (1) Gradually establish a strict monitoring and enforcement system and improve the quality of accounting information. (2) Cooperate with the International Securities Commission (IOSCO) and other international organizations. (3) Establish unified information disclosure and accounting standards, thereby reduce listing costs.

3. Enhance the industries such as securities analysts and build good information environment

When many Chinese enterprises enter overseas capital markets, market participants such as securities analysts should keep pace with development, so as to create a favorable external information environment.

Key words: dual-listing firm value expected cost of capital information environment earnings quality

目　　录

第一章　绪论 ………………………………………………………… (1)
　　第一节　问题的提出和选题的意义 ……………………………… (1)
　　第二节　基本范畴的初步界定与研究方法 ……………………… (3)
　　第三节　文献综述 ………………………………………………… (6)
　　第四节　研究思路和本书的结构 ………………………………… (12)

第二章　企业境外上市的背景和现状 ……………………………… (18)
　　第一节　企业境外上市的背景分析 ……………………………… (19)
　　第二节　中国企业境外上市的现状 ……………………………… (23)
　　第三节　中国企业境外上市的动机分析 ………………………… (29)

第三章　企业双重上市对企业价值的影响 ………………………… (35)
　　第一节　理论分析与研究假设 …………………………………… (36)
　　第二节　双重上市对企业价值影响的实证研究 ………………… (41)
　　第三节　双重上市与预期资金成本
　　　　　　——来自 Ohlson-Juettner 模型的经验证据 …………… (57)

第四章　企业双重上市的溢价动因
　　　　　——来自信息环境的经验证据 ……………………………… (68)
　　第一节　资本市场的信息披露与信息环境 ……………………… (69)
　　第二节　境外上市后企业信息环境的变化 ……………………… (72)
　　第三节　中国企业双重上市与信息环境的实证分析 …………… (77)
　　第四节　本章小结 ………………………………………………… (91)

第五章 企业双重上市的溢价动因
——来自盈利质量的经验证据 ……………………（93）
- 第一节 双重上市、盈利质量与企业价值 ………………（94）
- 第二节 双重上市对盈余管理影响的实证分析 …………（98）
- 第三节 双重上市对会计稳健性的影响 …………………（116）
- 第四节 双重上市对会计信息价值相关性的影响 ………（128）
- 第五节 本章小结 …………………………………………（139）

第六章 研究发现与政策建议 ……………………………（141）
- 第一节 主要研究发现 ……………………………………（141）
- 第二节 对企业境外上市和市场建设的政策建议 ………（144）
- 第三节 研究局限与未来研究方向 ………………………（149）

参考文献 ……………………………………………………（152）

后记 …………………………………………………………（163）

图 表 目 录

图 1-1　本书的主要框架结构 …………………………………（16）
图 1-2　本书的实证思路 ………………………………………（16）
图 4-1　境外上市、信息环境与企业价值框架 ………………（79）
图 4-2　境外上市、信息环境的路径分析 ……………………（91）
图 5-1　会计信息及其披露影响经济效果的三个途径 ………（97）
图 5-2　双重上市、盈余管理与企业价值框架 ………………（99）
表 2-1　2004 年中国企业境外上市存量统计 …………………（23）
表 2-2　香港中国股与内地股市整体融资额比较 ……………（24）
表 2-3　我国内地与香港地区公司法比较 ……………………（27）
表 2-4　我国内地和香港地区证券法对比 ……………………（27）
表 2-5　AB 股公司股权结构与外资股持股集中度的描述性统计 …（28）
表 3-1　双重上市与企业价值的变量定义 ……………………（42）
表 3-2　企业境外上市各年度样本列表 ………………………（43）
表 3-3　双重上市与企业价值的描述性统计 …………………（44）
表 3-4　企业价值样本均值和中位数的显著性检验 …………（45）
表 3-5　双重上市与企业价值的 Pearson 相关系数分析 ……（46）
表 3-6　双重上市与企业价值的回归分析（混合数据）………（47）
表 3-7　双重上市与企业价值的回归分析（面板数据）………（50）
表 3-8　境外上市与企业价值的分年度检验（1997—2004）…（52）
表 3-9　境外上市公司上市前后的比较分析 …………………（53）
表 3-10　境外上市的溢价效应（内生性检验）…………………（56）

表 3-11	预期资金成本主要变量定义	(62)
表 3-12	预期资金成本的样本选择	(63)
表 3-13	资金成本的描述性统计	(64)
表 3-14	资金成本的 Pearson 相关系数	(64)
表 3-15	预期资金成本的影响因素	(65)
表 3-16	境外上市对预期资金成本的影响	(66)
表 4-1	境外上市与信息环境主要变量定义	(80)
表 4-2	境外上市与信息环境的样本选择	(81)
表 4-3	境外上市与信息环境的描述性统计	(82)
表 4-4	境外上市与信息环境的相关系数分析	(83)
表 4-5	境外上市与信息环境回归分析	(84)
表 4-6	境外上市与信息环境的两阶段最小二乘法回归结果	(86)
表 4-7	境外上市与信息环境的内生性检验	(87)
表 4-8	境外上市、信息环境与企业价值的回归结果	(89)
表 5-1	盈余管理主要变量定义	(104)
表 5-2	盈余管理样本选择及其行业分布	(105)
表 5-3	盈余管理主要变量描述性统计	(106)
表 5-4	盈余管理主要变量相关系数分析	(107)
表 5-5	境外上市与盈余管理回归分析(混合数据)	(110)
表 5-6	境外上市与盈余管理回归分析(面板数据)	(111)
表 5-7	收益平滑和线下项目的回归结果	(112)
表 5-8	境外上市、盈余管理与企业价值(混合数据)	(114)
表 5-9	境外上市、盈余管理与企业价值(面板数据)	(115)
表 5-10	稳健性样本选择	(122)
表 5-11	稳健性主要变量描述性统计	(123)
表 5-12	会计稳健性的存在性	(124)
表 5-13	境外上市对会计稳健性的影响	(125)
表 5-14	会计稳健性的分组结果	(126)

表 5-15　会计稳健性分组比较的显著性检验 ……………………（127）
表 5-16　价值相关性的样本选择 ………………………………（134）
表 5-17　价值相关性的主要变量描述性统计 …………………（135）
表 5-18　价值相关性的分组检验 ………………………………（136）
表 5-19　境外上市对价值相关性的影响回归结果 ……………（137）

第一章 绪 论

第一节 问题的提出和选题的意义

一、问题的提出

双重上市(Dual Listing)[①]是指同一家公司分别在两个不同的证券交易所挂牌上市的行为。随着全球经济一体化的发展和各国金融管制的逐渐放松,国际资本流动日趋自由化,同时世界各主要金融市场,特别是证券交易所在竞争与合作的过程中不断加强联盟,企业的双重上市也日趋频

---

① 在国外的文献中,也有一些学者采用"Cross-Listing"一词来描述同一家公司在不同的证券交易所上市的行为。国外的学者对"Cross-Listing"和"Dual-Listing"并不做严格的区分,从概念上讲,"Cross-Listing"的概念大于"Dual-Listing"。"Cross-Listing"是指在多个交易所交叉上市,交易所的个数大于等于两个,而"Dual-Listing"是指在两个交易所上市。本书研究的双重上市公司主要是指在中国内地和香港两个市场挂牌上市的公司,因此我们统一采用"双重上市"来定义同一家公司在不同的交易所上市的行为。在中国,尽管内地A股市场和香港H股市场属于同一国家,但在投资者、监管要求、交易规则等方面,香港H股市场无疑更接近于国际市场,而与A股市场存在一定区别。在这一意义上,这种双重上市更接近于跨境上市。也正是在这一意义上,本书在某些场合仍将H股市场称为"境外市场",而将A股市场称为"境内市场"。

繁。在这种大的国际经济背景下，中国公司也逐步走向境外证券市场。同时，随着中国经济的快速持续发展，世界各主要交易所都把目标瞄向中国，吸引中国公司到境外交易所上市交易。优质的国内公司，也成了各国交易所争抢的对象。在这种形势下，深入分析企业双重上市的动因及其结果，对于我国资本市场乃至金融经济的发展具有非常重要的意义。

相比内地上市的A股公司，双重上市的AH股公司面临着更加严格的法律环境和市场环境。在上市要求的股本、股东数和会计信息披露等方面，双重上市与在内地上市有很大区别，而由于文化差异又会带来诸多不便和额外成本。那么这种改变的意义何在？循着企业融资理论研究方向，西方不少学者分析了双重上市融资现象，提出了一些理论解释，包括双重上市的动因分析，双重上市对公司价值、信息披露、对投资者保护和公司治理等的影响。从理论上分析，境外市场的法律环境和市场环境更好，但公司的成本也越高，如果公司自愿到更加严格的市场上市，法律环境、公司治理、投资者素质以及盈利质量将会有较大改善，市场对其也会有更好的估值。如果实证研究的结果表明外部环境的改善确实会使企业有更好的估值，那对加强我国本土资本市场的外部环境建设有着重要的意义。

本书拟以在香港和内地上市的中国内地AH股企业为研究对象，深入分析中国企业境外上市的动机，揭示企业境外上市对信息环境、盈利质量及其企业价值的影响，以促进中国企业国际化发展。

二、选题的意义

在持续的境外上市热潮中，诸如中国移动、中国人寿、建行等一大批优质企业纷纷到境外上市，有专家指出，长此下去，内地股市有被"边缘化"的威胁。关于企业境外上市利弊的争论更是成为2006年"两会"的焦点，在这种形势下，深入分析企业境外上市的动因及其结果，显得格外重要和迫切。

理论意义 相对境内上市，境外上市改变了企业上市融资的地点，因此境外上市与国内上市有很大区别。对此，西方财务理论对境外上市的动机和作用已有较成熟的分析。但由于这些研究基于成熟的资本市场，而中国的资本市场制度背景与西方发达国家的资本市场制度背景存在很大差异，如中国资本市场尚未对外开放，人民币尚不可以自由兑换，以及境外上市过程中的政府干预，因此我们必须建立适合中国国情的理论框架，作为理解中国企业境外上市的理论指导。

实务意义 本书揭示了境外上市的动机及其对企业价值的影响，回答了究竟是什么因素影响着中国企业到境外上市？境外上市能给中国企业带来什么好处？企业境外上市对会计信息质量有何影响？这些研究可以使投资者了解境外上市在公司融资中所起的作用、传递的信息，并利用这些信息进行投资决策。而且上市公司可通过市场对境外上市的反馈，权衡面临的风险和收益，为公司的进一步决策提供信息。

政策意义 本书从法律保护和信息披露的视角研究了企业境外上市对企业价值的贡献。通过实证分析，我们发现企业是选择境内上市还是境外上市，最根本的选择标准是好的市场环境和法律环境。这就跳出了境外上市短期利弊的圈子。因此，积极创造良好的市场环境和法律环境已经刻不容缓。本书的研究将有助于国资委、证监会、交易所等政府部门从宏观经济和发展战略的角度制定更好的政策，从而促进中国企业的国际化发展和中国资本市场的日臻完善。

第二节 基本范畴的初步界定与研究方法

一、基本范畴的初步界定

（一）双重上市的界定

本书有时用双重上市，有时用境外上市，二者实质是一样的。这个名词源于英文 Cross-listing，国内也有学者译为"交叉上市"或"跨境上市"。对于双重上市的对象，我们主要研究的是同时在香港交易所上市的 A 股上市公司，即 AH 股公司，因为大部分境外上市的中国内地上市公司都是在香港上市。对于那些在中国内地注册,但是在境外上市的非 A 股上市公司,由于其没有国内市场的数据,不在我们的研究范围。同时,那些在国内经营、又在海外司法地注册公司并在海外申请上市的公司也不在我们研究范围之内。因为这类公司在双重上市公司中所占比例不大,而且在中国现有法律框架及外汇管制的背景下,许多做法还处于监管灰色地带。H 股是我国政府推动的、伴随着中国改革开放和资本市场发展产生的新生事物,许多 H 股公司都在中国经济发展和相关行业中有着举足轻重的地位,而且 H 股定义明确,相关资讯查找方便。值得说明的是,AB 股公司是同时在 A 股市场和 B 股市场上市的公司,这类公司比较特殊,它虽然也是在两个交易所上市,但是主要是在国内的两个不同的市场,这类公司的投资者结构以及信息披露要求与 A 股公司有很大差异,但是 AH 股公司又比其面临更加严格的外部环境,因此它并不是本书研究的双重上市对象,但是在后面实证分析时,本书还是将其单列出来以控制其影响。

(二) 信息环境的界定

本书所指的信息环境,类似"公司的透明度",广义是指"公司报告、内部信息的获取及信息的传递"。具体地说,既包括信息披露的规则,亦包括信息的产生、传递、验证和使用的过程,即信息披露制度、信息披露标准以及市场参与者。本书主要研究的是市场参与者的行为,而不是信息披露标准。我们采用分析师的人数和分析师盈利预测的准确度来度量信息环境。

(三) 盈利质量的界定

盈利质量的特征就是使会计信息具有决策有用性的特征,即会计信息所应达到或满足的基本质量要求。盈利质量的提高会提高会计信息的决策有用性。[①] 除了价值相关性,本书还用盈余管理、会计稳健性指标来衡量会计信息的质量。我们主要采用截面调整后的 Jones 模型和修正的 Jones 模型来衡量盈余管理。同时,借鉴 Christin Leuz(2005)的方法,分别

---

① 英文是 decision usefulness,当前西方学术界更流行的术语是 value relevance,也就是会计信息的价值相关性。

从净收益的波动、经营性利润和经营活动现金流的波动和非正常性应计项目的角度来计量盈余管理。在稳健性上,我们以 Basu(1997)模型为基础,结合 Ball 等(2001)的研究方法,研究境外上市对会计盈余稳健性的影响。

(四) 本书没有考虑汇率因素

实际上,在境外上市过程中,汇率风险是十分重要的影响因素。由于本书主要以 H 股为例进行实证分析,根据我国政府的有关规定,我国公司境外发行的股票必须以人民币标明面值,以外币认购,股利的计价和宣布采用人民币,以外币支付,所以,不存在汇率变动的直接影响。此外,我们的实证研究具体对象是公司在 A 股市场的股价,即分析 A 股公司和 AH 股公司在 A 股市场上的差异。因此,本书在研究过程中没有考虑汇率因素。

二、研究方法

实证研究与规范研究是事实和价值之间的区分,是关于世界客观性的描述与对世界带有主观价值判断之间的区分。实证研究要避开价值判断,而规范研究必须从一定的价值判断出发。但是实证研究和规范研究并不是绝对相互排斥的。规范研究要以实证结论为基础,而实证研究离不开规范研究的指导。本书综合运用了规范研究和实证研究两种方法。

运用规范研究方法,本书深入分析了企业境外上市的制度背景、现状、动机及其特点。从历史逻辑的角度,阐述了我国企业境外上市的发展演进;从公司财务的主流理论出发,深入分析境外上市对公司治理、信息环境和会计信息质量的理论影响。

在实证研究方法上,本书采用了多元回归分析、非参数检验、两阶段回归、Heckman 检验、Wald 检验等方法,深入严格地分析了境外上市的"溢价"效应及其动因。具体而言,在第三章中,本书采用了截面数据分年度回归和面板数据相结合的方法,研究了境外上市的"溢价"效应。同时,为了控制内生性的影响,本书采用了 Heckman 检验和上市前后的比较分析。在第四章,为了控制分析师人数和分析师准确度的交互作用,本书采用联立方程模型,用两阶段回归的方法深入研究了境外上市对信息环境的影响,并用路径分析法研究了境外上市、信息环境对企业价值的影响。在第五章,为了比较 A 股和 AH 股在会计信息质量上的差异,本书还采用了 Wald 受限模型检验。

第三节 文 献 综 述

一、国外文献回顾

随着资本市场国际化的发展,特别是最近二十多年境外上市现象的大量涌现,国外的理论界和实务界对此进行了大量研究。这些研究基本上是循着公司融资理论的发展脉络进行的,早期的研究主要是放松 MM 理论的假设,探讨在市场不完全的情况下,一旦障碍消除(如相互上市),风险被更大范围地分担,投资风险溢价和预期收益率会降低。随着信息经济学的发展和信息不对称理论的影响,许多学者又从代理理论和公司治理的角度研究境外上市问题。本书主要从境外上市的动机角度对相关研究进行了分类。

(一) 市场分割理论(Market Segmentation Hypothesis)

早期境外上市的研究主要是围绕市场分割假说展开理论和实证分析的。市场分割假说认为,当存在国际投资壁垒时,国际资本市场是分割的,公司股票一般只被公司所在国的居民持有,由于风险不能得到有效分散,投资者会提高风险调整后要求的收益率,导致公司面临着较高的资金成本,而境外上市则可以消除投资壁垒和市场分割的负面效应,从而分散风险和降低资本成本。Foerster 和 Karolyi(1987)将境外上市归因于市场的分割,他们指出境外上市可使外国投资者突破境外投资的障碍,比如法律上的障碍、交易费用等直接成本、信息披露问题和未知的安全隐患。通过境外上市,企业提供给境外投资者更充分、及时和透明的信息以解决海外投资者信息不足问题。Foerster 和 Karolyi(1987)的研究结果表明:非美国公司在美国上市的消息公布后,其境内的股价均有积极的反应。这一发现有力地证明了境外上市能减少市场的分割。此后学术界主要从股票价格的市场反应、资本成本和市场流动性三个方面对该假说进行了实证检验,虽然实证分析的结果部分地支持了市场分割假说,但是也受到了不少批评,特别是市场分割假说不能解释:为什么随着金融市场一体化的发展,到境外上市的企业数量不是减少而是上升了?

(二) 捆绑理论(Bonding Hypothesis)

从20世纪90年代末开始,随着法与金融理论的兴起,学术界突破了传统的研究思路,又从代理理论、信息不对称理论以及公司治理的角度来研究境外上市现象,并提出了"捆绑理论"。其主要代表是Coffee(1999)和Stulz(1999)。他们研究的基本前提是:(1) 公司控制人(控股股东和管理层)与外部投资者之间存在信息不对称;(2) 作为理性的经济人,公司控制人都追求自身利益最大化,于是在掠夺公司资源(包括小股东利益)和促进公司发展之间有一个权衡。在境外上市,使公司向市场传递了有利的信号,表明公司控制人自愿将自己置身于比本土市场更严格的法律和规则下,这就会降低控股股东的控制权私人收益,同时也会给企业带来资金,促进企业良好发展。但对增长缓慢的企业来说,如果它们选择境外上市,则股本的扩张会超过企业盈利的增长,且控股股东的掏空行为还会受到很大约束,因此对那些缺乏发展机会的公司,境外上市的成本是昂贵的。"捆绑理论"认为,境外上市有利于提高投资者对公司未来现金流的预期,一是减少现金流出,主要通过制约控制人(控股股东和管理层)的行为,包括减少掠夺行为,降低监控成本,扩大股东基础(源于信息披露的要求);二是方便筹集外部资金以有效利用未来增长的机会。境外上市提高了公司利用发展机会的能力。

Doidge,Karolyi和Stulz(2004)从保护投资者角度研究了境外上市的溢价现象。他们指出境外上市公司估值高于非境外上市公司,原因是这些公司控股股东的代理成本低。他们建立了一个境外上市的决定模型。在这个模型中,境外上市对控股股东既有成本也有收益,对于未来增长机会较多的公司,由于境外上市后信息披露和监管的加强,控股股东获得的控制权私有收益将降低,但是未来现金流量将大大增加,因此对控股股东而言,收益大于成本。他们提供了关于溢价的一些预测,包括:(1)对投资者保护越弱的国家,其公司境外上市溢价越高;(2)未来增长机会越高,公司境外上市溢价越高。他们认为,有好的发展机会和低的代理成本的公司更倾向于在美国上市。境外上市公司的控制股东利益与其他股东利益更好地协调一致了,他们能更好地利用发展机会。

Michael(2002)针对这个问题提出了一个补充假说:"个人利益信号假说"(The Signaling of Private Benefits Hypothesis)。他根据信号显示理论指出,境外上市是传递公司质量的手段,这有利于投资者区分或辨别公司质量,并对绩优公司有一个更好的估值。当内部控制人打算筹资或者出售其持有的公司股票时,内部控制人会传递出信号,暗示公司境外上市后内部人可以从公司获取的控制权收益将大大减少。内部控制人可以从公司获取的控制权收益的多少在很大程度上决定潜在投资者购买股票的意愿和购买的价格。很明显,如果内部控制人只能从公司获得较少的控制权收益,那么,将会有更多的投资者在较高的价格购买股票,从而提高公司的价值。

(三)熟悉偏好假设(Proximity Preference or Familiarity)

按照资本资产定价模型,分散投资有利于降低风险,投资组合多元化是理性的选择,但实际上,投资组合分散化程度并不高。投资者在投资时有"本土化情结",即大量投资集中在本国或本地股票,美国投资者主要持有美国股票(美国公司的股票或在美国上市的股票),日本投资者主要持有日本股票(日本公司的股票或在日本上市的股票)。投资行为研究表明,"熟悉偏好"会导致投资组合"本土化情结",亦会影响发行人的融资决定。Sarkissian 和 Schill(2003)研究了境外上市市场选择的倾向,发现地理、经济、文化和行业的"相似性"或"熟悉性"在境外上市地的选择中起着十分重要的作用。他们分别从地理位置、经济、文化和产业等四个方面进行分析:(1)位置相近,主要是指地理位置的相近;(2)经济相似,投资者倾向于投资经济相似的公司股票,投资者在消费产品的同时熟悉了公司,产品是公司相关信息的载体,如相对日本电信,投资者更可能投资索尼公司;(3)文化相似,包括历史、文化、语言等,有相同语言或历史渊源(如殖民地)的国家间信息交流更多、更容易;(4)行业近似性,行业基础的相似会提高投资者对公司的熟悉程度。在此基础上,他们进行了两个假设检验:(1)"本土化情结"解决假设,即境外上市克服了"熟悉偏好",公司倾向于到多样化收益高和熟悉障碍大的市场上市;(2)"本土化情结"反映假设,即境外上市反映了投资者"熟悉偏好"的制约,公司应到多样化收益少和熟悉障碍小的市场上市,即大量公司应在临近国家或有广泛经济联系、文化关系、相似产业背景以及能提供有限多样化利益的国家上市。实证结果表明:境外上市并没有提高投资者对不熟悉股票的兴趣,境外上市并不是克服而是反映了投资者的"熟悉偏好"。还有许多研究是从某一方面的相似性或熟悉性进行研究的。

(四)信息环境与企业价值(Information Environment and Firm Value)

Christian Leuz(2004)的研究打开了境外上市研究的新局面。尽管早期有各种不同的假说,也有实证研究表明境外上市确实给企业创造了价值,但是境外上市如何增加企业价值一直缺少实证的数据。Chritian Leuz从现金流量效应和资金成本效应两个方面,首次实证证明了境外上市如何增加企业价值。而且,他采用的是 Ohlson 等人的预期资金成本,这使得资金成本的计算更加科学和真实。最后,他们的研究是大样本的跨国研究,这就打破了数据样本小的限制。

Lang, Lins 和 Miller(2004)进一步研究了境外上市通过什么途径降低资金成本。他们从信息环境改变的角度研究境外上市对公司价值的影响,认为投资者的风险认识和评估能力决定公司价值,他们主要以分析师的预测作为信息环境的变量,从跟踪的分析师数量和分析师预测的准确度进行分析,认为境外上市增加了市场信息获取量,减少了分析师跟踪成本,引起更多分析师的关注,并提高了他们预测的准确度,这样有利于拓宽潜在的投资者基础,并减少不确定性,从而降低资金成本。他们的实证研究发现,非美国股票一旦在美国上市,不仅伴随着分析师的增加,而且他们预测的准确度提高,从而公司会有更高的估值。以 28 个国家 4 859 个公司中 235 个在美国上市的公司为样本进行考察,发现那些公司的分析师平均多了 2.64 个（中位数为 4 个），其预测准确度平均提高了 1.36%，公司价值（Tobin's Q 值）亦更高（Doidge 的"境外上市溢价"效应）。对少数股东权益保护较弱国家的公司、家族企业或管理层控股的公司，境外上市溢价效用更明显。这说明信息中介为少数股东权益保护极少的公司提供了最大价值。因此，公司信息环境在资本成本决定中起着重要的作用。

二、国内文献回顾

随着中国改革开放和大量境内企业境外上市的出现，国内不少学者开始研究境外上市的问题。

（一）从市场分割角度进行研究

刘昕（2003）以市场分割理论为基础，以 A 股及 H 股折价现象为切入点，研究股票市场分割及其消除的问题，揭示了投资限制、资本控制、投资者差异、交易制度、交易成本、信息流障碍等是促成市场分割的主要原因，这些因素影响上市公司股价、回报和风险，并进一步分析了这些因素造成双重上市中 A、H 股价格差异的贡献程度和消除市场分割的办法。田素华（2002）主要分析了境内外交叉上市的 28 家 H 股与 A 股 IPO 价格差异及其形成的主要原因，认为市场环境、投资者理念、发行方式等是造成差异的根本原因。

（二）从公司治理角度进行研究

王立彦（2002）研究了 19 家同时在 A 股市场和 H 股市场上市的公司从 1993—1999 年的 7 年里，根据两个不同会计准则编制的两套报表的披露差异，结合"市场回报率-会计收益相关模型"和"市价与账面价值比分析模型"对报表中的一些关键数据进行了回归分析。结果表明，两套报表之间的会计收益数据调整值和股东权益数据调整值对股票市场年度平均回报率和市价与账面价值比有显著的影响，即这些调整能够增加会计衡量与市场回报率之间的相关性，这两套财务报表的会计数据之间的确存在价值相关关系，从而验证了海外资本市场要求中国国内公司在其市场上市必须披露两套报表政策的合理性。作者还分析了导致报表数据差异的会计准则差异和公司治理结构差异。

卢文莹(2003)分析了境外上市如何改善上市公司治理和投资者保护。从法律监管、会计水平、上市后股票的流动性、价格发现和不同会计准则下信息披露水平等方面进行相关分析发现：第一，在境外上市后，企业可以受到更加透明的监管，中小投资者的保护得以加强，公司治理结构更趋完善。第二，境外上市具有价格发现功能。中国国内的上市公司具有在不发达的资本市场条件下所形成的特殊股权结构，因而通过境外上市可增加股票的交易量和流动性并有利于价格发现。第三，实证表明，国际财务报告准则比中国会计准则所提供的会计盈余数据对投资者更具决策有用性。境外上市公司通过改组上市，不仅吸引了大量外资，而且改善了本国的信息披露、投资者保护和会计水平，最终提高了公司的收益水平，改善了市场表现，促进了中国经济的快速持续增长。

范钛(2005)研究了中国企业 ADR 境外上市前后绩效与风险的变化。他利用 GARCH(1,1)模型和事件研究方法，对 1991—2004 年在美国 ADRs 跨市场上市 A 股公司的风险、收益、波动性特征进行了实证检验。研究发现 ADRs 上市并没有起到提升中国企业的市场价值、增加股票流动性的预期作用。他们将这一特殊现象归结于中国企业 ADRs 的发行方式和 A 股市场与国际资本市场高度分割两大因素的共同作用。

以上这些研究都是着重境外上市某一方面的问题研究，如对境外上市中折价现象(H 股股价相对于 A 股股价的差额)、国内与国际财务报表信息差异以及公司治理相关性问题的研究，而且集中以同时发行 A 股与 H 股的公司为样本进行研究。

三、文献评述

通过对国外相关研究的分析，我们可以看出西方的市场分割理论和代理理论都不完全适合我国国情。中国目前的资本市场尚没有完全对外开放，所以国外的市场分割理论并不完全适用；此外，许多国有企业到境外上市是政府推动的，因此代理理论也不完全适用。要理解我国企业境外上市的动机及其影响，我们必须建立适合中国国情的理论框架，在适用于成熟资本市场的基本理论基础上考虑中国制度环境下的一些特殊因素,这是一个急需填补的空白。

国内尽管已经有一些关于企业境外上市的研究,但是系统严格的实证研究较少,而且已有的研究都偏重境外上市的某一方面的问题,如市场分割现象、国内与国际财务报表信息差异以及公司治理的相关性等。并且,已有的文献往往缺乏符合我国国情的理论支持。此外,在研究方法上,国内已有的研究往往使用年度数据的横截面分析法,但这并不能观察到企业境外上市对企业价值的影响。因此,在实证方面我们将主要采用面板数据分析法(Panel Data)研究境外上市对企业价值的影响。面板数据法是现代公司财务学的经典研究方法,它考虑到了数据的横截面和时间序列特征,也便于实证结果的国际比较。同时我们也使用横截面分析法作为补充,以获得更全面的研究结果。对于境外上市通过何种途径使企业有更好的估值,国内更是没有这方面的研究。所以,本书将主要沿着"境外上市如何使企业有更好的估值"这条线路,研究企业境外上市的溢价效应,并进而从信息环境和盈利质量的角度分析溢价效应可能存在的路径和原因。

第四节 研究思路和本书的结构

一、研究思路

企业的外部环境对企业行为有重大影响。直观上,在一个良好的外部环境中,投资者理性形成的市场压力和法律对投资者的保护会减少企业恶意损害中小投资者的行为。在外部环境中,法律保护(Legal Protection)和信息披露(Information Disclosure)是影响企业行为的重要因素。投资者法律保护对资本市场发展非常重要。对外部投资者法律保护好的国家或地区,投资者更乐于向企业投资,其资本市场更为繁荣,企业价值更高。相反,法律保护不好的国家或地区,其资本市场发展缓慢,企业价值较低。信息披露是法律法规要求的,但即使没有相关的规定,公司亦可以自愿披露信息。公司治理好的公司或致力于提高公司治理的公司,可以通过境外上市改变外部治理环境。通过国际化,公司寻找高于本土市场的交易所上市,实质是致力于更高水平的信息披露,公司也会从中受益。

目前国内尽管对外部环境的讨论很多,但是比较深入和全面的研究并不多,定量的研究更少。国内的研究大多集中于A股上市公司,而A股公司都是处于相同的法律和监管环境中,因此很难对外部环境与企业价值之间的关系做出有效的定量分析,也无法得出有说服力的政策建议。近几年,我国在境外上市的公司数量有了很大增长,这些公司提供了很好的样本,使我们能够从法律保护和信息披露的视角比较双重上市的AH股和A股上市公司的差异,并对企业境外上市提出有效的建议。

本书通过双重上市的AH股和A股公司的比较,研究了双重上市对企业价值的影响。由于境外上市公司需要按照上市地会计准则或国际会计准则披露财务信息,这无疑会提高财务信息披露的质量,增加公司的透明度。同时,香港公司法在保护小股东权益方面也显著好于内地证券法。在信息披露和法律监管的双重作用下,我们认为,AH股公司的会计信息质量和信息环境都显著高于A股上市公司,并导致企业有较高的估值。如果研究表明资本市场的外部环境的改善能够提高企业估值,那么这对推动我国资本市场的发展有着非常重要的意义。

本书将主要沿着"双重上市如何增加企业估值"这条线路,研究企业双重上市的溢价效应,并进而从信息环境和会计信息质量的角度分析溢价效应可能存在的路径和原因。

二、研究内容

本书将企业境外上市问题分为以下四个方面进行研究:境外上市的制度背景与企业境外上市的动因;企业双重上市与企业价值;境外上市对信息环境的影响;境外上市对盈利质量的影响。全书共分六章,主要内容如下:

第一章提出了研究问题,指明了研究意义。然后以境外上市动因为主线对西方境外上市融资理论进行了系统介绍,包括:市场分割理论、捆绑理论和熟悉偏好假设。同时,简单回顾了我国学者对境外上市的折价现象、国内与国际财务报表信息差异以及公司治理相关性问题的研究。在理论回顾的基础上提出了本书的研究方向和主要构思。

第二章在分析全球境外上市背景的基础上,详细分析了中国企业境外上市的现状,并系统总结了 H 股的发展历程及作用,包括对公司及内地资本市场的影响。最后,本书从境外上市动机的角度分析了企业境外上市的动机。

第三章研究的是企业双重上市的溢价效应,即双重上市的企业比非境外上市企业有更高的估值。我们借鉴 Doidge, Karolyi 和 Stulz(2004)的捆绑理论研究了双重上市的溢价现象。研究的假设是境外上市公司估值高于非境外上市公司。境外上市对控股股东既有成本也有收益,对于未来增长机会较多的公司,境外上市后由于信息披露和监管的加强,控股股东获得的控制权私有收益将降低,但是未来现金流量将大大增加,因此对控股股东而言,收益大于成本。对于中国企业,考虑到信息披露和法律监管的作用,我们假设:上市公司的境外上市与企业价值呈显著的正相关关系。本书将借鉴 Doidge(2004)的模型研究企业境外上市的溢价效应。为了控制内生性问题,我们分别采用 Heckman 检验和 AB 股上市前后的比较分析。鉴于企业价值有多种形式,我们除了采用 PB、PE 等指标外,还采用 Ohlson-Juettner 模型研究了境外上市对预期资金成本的影响。研究发现,境外上市公司也存在"溢价"现象。

第四章研究了公司双重上市对提高股票价格的信息环境的影响。我们用证券分析师人数、证券分析师的准确度来计量信息环境。Lang, Lins 和 Miller(2004)的研究发现,在美国上市的公司平均增加 2.64 个(中位数为 4 个)分析师,其预测准确度提高了 1.36%,因此,境外上市提高了企业的信息环境。如果信息环境得到了改善,公司内部人与外部投资者之间的信息不对称就会有所减弱,那么外部投资者就可以获得更多和更准确的信息,公司因此也可以获得较低成本的外部融资。鉴于同时发行 A 股和 H 股的公司在信息披露方面需要按照中国和国际会计准则进行双重披露,而且其法律监管也比 A 股市场严格,因此,我们估计上市公司的境外上市与信息环境呈显著的正相关关系,而信息环境的改善又能增加企业价值。在对境外上市与信息环境进行理论分析的基础上,本书运用实证研究方法对其进行了严格的实证检验。研究发现,AH 股公司的分析师人数显著高于 A 股公司,即使控制了内生性问题以及采用两阶段回归之后,这种结论依然成立,而信息环境的改善能够增加企业的价值。路径分析进一步表明,境外上市主要是通过提高 AH 股企业分析师人数而增加企业价值。

第五章研究了双重上市对盈利质量的影响。盈利质量包括盈余管理、稳健性和价值相关性三个方面。鉴于 AH 股上市公司处在信息披露和法律监管的双重作用下,我们假设:AH 股公司的盈利质量显著高于 A 股上市公司。我们主要采用截面调整后的 Jones 模型和修正的 Jones 模型来衡量盈余管理。同时,借鉴 Christin Leuz(2005)的方法,分别从净收益的波动、经营性利润、经营活动现金流波动和非正常性应计项目的角度来计量盈余管理。在稳健性上,我们以 Basu(1997)模型为基础,结合 Ball 等(2001)的研究方法,研究境外上市对会计盈余稳健性的影响。价值相关性指股票价格和财务报表项目的关联度。我们主要研究按照国际会计准则披露的会计盈余调整项目是否能够提供增量的信息。我们借鉴 Eli Amir(1993)的价值相关性方法,主要采用市场回报率-会计收益相关模型(Return-Earnings Associations Model)进行分析。实证研究发现,境外上市能够抑制盈余管理,而盈余管理的抑制能够增加企业价值,但是对于稳健性和价值相关性没有得出一致的结论。

第六章总结全书,得出研究结论,提出政策建议,并指出研究局限和进一步的研究方向。

各章的相互关系是:第一章主要是提出研究问题,界定研究范围;第二章是对企业境外上市的背景和现状的分析,目的是介绍企业境外上市的制度背景,为第三章的实证研究作铺垫;第三章是本书的核心,主要从境外上市对企业价值的影响,以及境外上市对预期资金成本的影响这两个不同的方面来验证境外上市的"溢价"效应;第四章和第五章分别从信息环境和会计信息质量来探讨"溢价"可能存在的原因;第六章总结全书,得出研究结论,在理论分析和实证研究的基础上,提出政策建议,并指出研究局限和进一步的研究方向,如图1-1、图1-2所示。

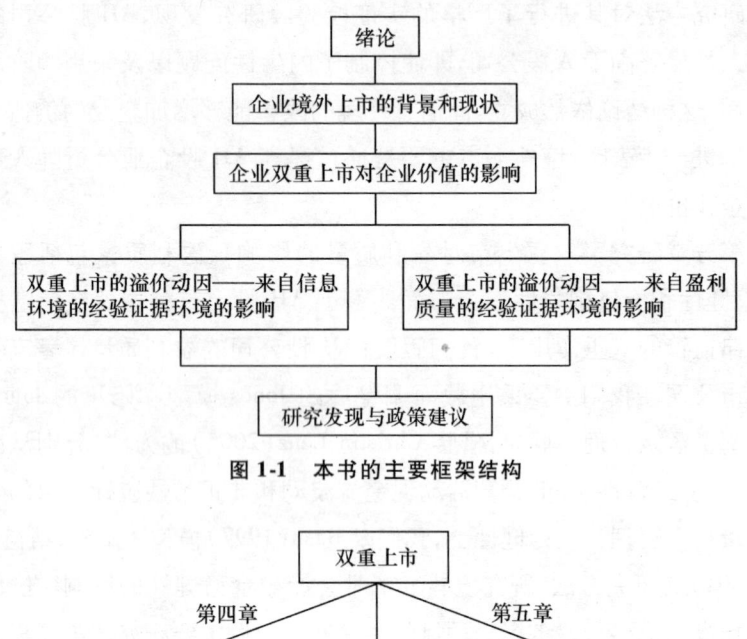

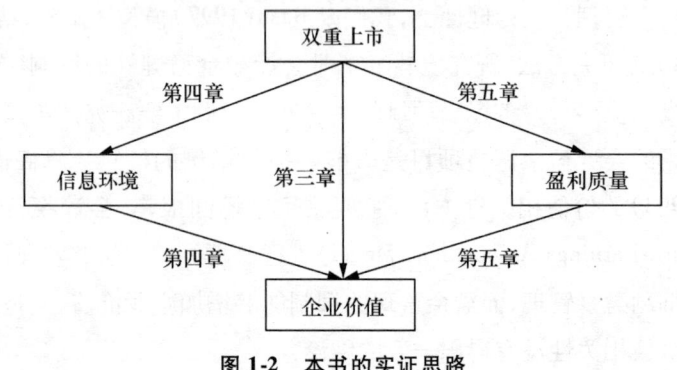

```
          绪论
           │
  企业境外上市的背景和现状
           │
  企业双重上市对企业价值的影响
           │
    ┌──────┴──────┐
双重上市的溢价动因——   双重上市的溢价动因——
来自信息环境的经验证据   来自盈利质量的经验证据
环境的影响             环境的影响
    └──────┬──────┘
           │
    研究发现与政策建议
```

图 1-1　本书的主要框架结构

```
              双重上市
          ╱     │     ╲
      第四章    第三章    第五章
       ╱        │        ╲
   信息环境             盈利质量
       ╲        │        ╱
      第四章    │     第五章
          ╲    │    ╱
            企业价值
```

图 1-2　本书的实证思路

三、本书的特色和创新之处

境外上市作为目前企业融资的重要方式,在学术界和实务界以及监管层存在较大争议。本书的研究从独特的角度为解释境外上市的得失作出了重大贡献,主要在以下三个方面对现存文献有显著创新:

研究内容方面:(1)本书在国内首次采用分析师的数据比较了 A 股

和 AH 股在信息环境方面的差异,这是从信息披露与法律环境视角的一个突破,也弥补了国内在信息环境研究方面的空白;(2)采用全面的盈余管理方法,比较信息披露和法律环境对盈余管理的影响;进一步研究盈余管理对企业价值的影响;(3)结合中国特有的背景,研究了境外上市对会计盈余稳健性的影响;(4)预期资金成本是公司财务研究的最新发展,本书研究了信息披露与法律环境对中国预期资金成本的影响,这对研究中国企业资金成本也是新的突破。

数据收集方面:国内关于企业境外上市的研究发展速度较慢,其中一个重要的原因就是数据难以取得。本书立足同时发行 A 股和 H 股的上市公司来研究境外上市的溢价效应,利用 Wind 咨讯数据库和天软金融分析得到上市公司的数据。此外,本书还利用"今日投资"数据库的盈利预测数据研究境外上市对信息环境的影响,这弥补了国内的空白。

研究方法方面:国内学者主要从规范的角度来研究企业境外上市问题。本书根据经济学、会计学的相关理论,结合我国制度背景,用理论模型建立企业境外上市的理论框架,并利用上市公司年度财务报表中的相关数据,使用非参数检验、回归分析、两阶段最小二乘法、Heckman 内生性检验、路径分析、受限模型 Wald 检验、面板数据法等统计方法进行了深入和全面的实证研究。

第二章 企业境外上市的背景和现状

过去二十多年,金融市场,特别是股票市场,无论是在发达国家还是发展中国家都得到了巨大发展。良好的经济基本面(宏观经济的稳定和高经济增长率)、经济结构的改革(国有企业私有化)和金融政策的变化(国内金融改革和资本账户自由化)加速了这一发展过程。与此同时,一个更明显的现象是:很多国家的境外上市发展趋势和增长势头更是超过国内市场证券化的程度。

本章将在境外上市融资背景分析和动机分析的基础上,对中国企业在境外上市发展的情况进行简单回顾,介绍 H 股的发展情况,并深入比较 AH 股与 A 股在外部环境上的差异,最后对企业境外上市动机进行深入分析。

第一节 企业境外上市的背景分析

相比国内的资本市场,境外上市可以使企业在全球融资,提高知名度和改善公司治理,但是也会使得企业面临更加严格的监管。但是,企业境外上市这种现象更多的是反映了世界经济的一种新的变革。世界范围内境外上市现象的蓬勃发展是一定社会和经济条件发展的产物。过去二十多年来,国际社会经济、技术及政策的变化深刻影响着企业的生存方式和战略选择。具体地说,金融自由化发展、电子信息技术的发展、企业组织制度的变化、各国对世界资源利用的需求以及资本市场及相关行业竞争,为企业境外上市创造了良好的条件,进而在很大程度上影响企业融资方式的选择。

一、金融自由化发展

金融自由化是最近二十多年来世界各国金融和经济发展中出现的一个重要趋势,它的实质是突破传统金融体制对金融发展的限制,使金融运作更加符合市场规则要求的过程。金融自由化是在贸易自由化的基础上伴随各国(和地区)经济和金融发展进入新的发展阶段以及寻求外向型经济发展而必然出现的。实际上,金融自由化政策是政府对金融市场发展的主动适应过程。在推行金融自由化政策的背景下,各国金融市场进一步相互联结,金融机构不断走向国际化和全球化,国际资本流动日益加快,各国经济一体化日趋明显。

金融自由化浪潮始于20世纪70年代初,当时,以美元为中心的布雷顿森林体系瓦解,国际金融市场出现动荡,发达国家政府全面管制金融的格局受到巨大冲击。美国率先改革存款利率管制政策,允许商业银行对活期存款支付利息并自行定价。1975年美国在证券行业取消固定佣金制,1979年取消外汇管制,从此加快了外国公司在美国融资上市的步伐。20世纪80年代后半期,英国废除了证券交易固定佣金制,允许证券商同时从事自营和代理业务,并向外资金融机构开放国内金融市场。20世纪

90年代中,一些发达国家相继以"大爆炸"方式实行金融自由化改革,其主要特点是:扩大和推动国内金融机构之间的竞争,弱化或取消对金融机构在定价权、经营范围和地域范围等方面的限制;向外资金融机构开放国内金融市场。与此同时,发展中国家积极发展股份经济和证券市场,加快民营化进程;大力吸引外资,加速调整外资政策,包括推出吸引外资的优惠税收政策、开放更多的国内产业部门、放松对外资企业的外汇管制、降低对外资持股比重的限制等。各国对外开放金融市场,尤其是开放国内证券市场和实现货币可兑换,在制度和政策上诱导和保障了跨国资金流动。

二、电子信息技术的发展

电子通讯、互联网、卫星通讯、数字技术等新型信息技术手段的应用和商业化普及,给金融市场的运行和金融机构之间的相互关系带来了重要的影响。信息技术为金融和投资信息在更大范围内快速传播提供了有利条件,方便了中小企业和个人的参与,提高了金融服务在经济活动中的渗透程度,使更多社会成员参与了金融市场和投资活动,从而提升了金融服务在国民经济中的地位和作用。交易的电子化和网络化大大提高了金融市场相关信息的收集、储存、处理、传播的能力和速度,降低了交易成本,突破了各国金融市场的地域和时间限制,使全球各市场紧密连在一起,形成了24小时不间断营业的全球化市场。信息技术在资本市场的广泛应用,一方面使套利行为在瞬间就能完成,另一方面使市场在套利机制的驱动下不断地趋于均衡。信息技术的发展及其在资本市场的广泛应用为全球资本市场的一体化和联动发展奠定了技术基础。

三、企业组织制度发生深刻的变化

利用股份公司形式改造企业在发达国家和发展中国家已成为一种普遍潮流。一方面,英国、德国、法国等发达国家积极推行股份制加快政府企业的改制和重组;另一方面,发展中国家积极推行股份制加快民营化的进程。资本市场对企业的评价和对企业经营业绩的反映给企业经营者带来了更多的压力和更大的挑战。同时,竞争的压力、企业的快速增长和扩张也要求企业能够更加有效地利用资本市场来进行多样化融资和资产重组。资本市场在现代经济中的地位日益突出,资本市场的发展及其与国际市场的接轨,成为当今世界经济一体化过程中的一大焦点。

此外,跨国公司对全球经济的影响日益深刻。随着世界经济的一体化和全球化,以跨国公司为主体的经营机构从节约成本、提高竞争力的目的出发,纷纷采取外包生产方式,普遍增加了它们在海外、尤其是在发展中国家的直接投资。跨国公司对当地融资的需求也不断增强。同时,随着国际竞争的加剧,许多行业出现跨国重组趋势,大型跨国企业之间涌现跨国并购浪潮。无论是在发展中国家的海外直接投资,还是发达国家之间的跨国并购,都带动了相应的国际融资活动,增加了对资金的国际流动性需求。

四、各国对利用国际资本资源的需求

从发达国家看,随着经济的发展和社会财富的积累,社会成员对提高生产率和改善生活质量的要求进一步提高,进而要求金融市场更加有效地发挥其配置社会资源、增加对投资者回报的功能。20世纪90年代,各国政府相继通过税收优惠和证券市场开放等途径推动各种投资基金的发展,包括养老基金、保险基金、证券投资基金(主要是开放式基金)、对冲基金以及具有高冒险性的风险投资基金等在内的机构投资者快速成长。作为专业投资者,它们需要扩大选择范围,优化投资组合,降低投资风险,实现投资收益最大化,通常根据全球各地资本市场的收益率、流动性和风险程度及其预期来配置资金投向。

从发展中国家内部情况看,过大的人口和劳动力基数以及相对不足的国内储蓄往往制约了国内经济快速增长,也提出了对发挥国内金融市场在动员国内资源和吸引外部资源方面的新要求。为有效利用外部资源,发展中国家一方面积极引进外资,吸收外国直接投资;另一方面积极发展股票市场,优化资源配置,推动经济发展。许多新兴市场的公司开始走向国际市场上市融资。根据 Claessens 等(2002)的统计,2000 年中等收入国家海外融资额超过国内市场融资额,两者之比达到 3.7∶1。

五、证券交易所之间的竞争

在海外上市浪潮的过程之中,交易所之间的竞争也越来越激烈,它们之间互相竞争,以吸引优质的公司。在2007年,纽约证券交易所集团(总部位于纽约)和欧洲证券交易所(总部位于巴黎)合并组成纽约—泛欧交易所集团(NYSE Euronext),在纽交所和欧交所同时挂牌上市,交易代码为NYX。纽约—泛欧交易所集团是全球规模最大、最具流动性的证券交易集团,为全球投资者及上市公司提供最多样化的金融产品和服务。纽约—泛欧交易所集团在六个国家拥有六个现金股票交易市场及一个金融衍生品交易市场,在公司上市、现金股票、金融期权与期货、债券、金融衍生品和市场数据等方面处于世界领先地位。合并之后,一家公司可以同时在两个证券市场上市融资。

交易所的竞争主要体现在两个方面:

第一,上市和交易规则。交易所的竞争实质是上市和交易规则的竞争,各证券交易所为了保证上市资源的质量和维护市场的交易秩序,对上市申请都设置了一定的门槛,这会对企业选择上市地点造成一定的影响。为此,各证券交易所需要在维持市场声誉与吸引上市资源之间进行权衡。交易所日益激烈的竞争促使它们极其关注那些资本市场容量和选择性有限的新兴经济体的IPO业务。针对海外企业的不同需求,美国不断设计新的ADR品种,如1985年推出一级ADR,1990年通过144A条款,最终形成一个多层次存托凭证计划体系,即三级ADR及私募144A规则ADR。海外企业可以根据自己的融资需要、流动性要求及经营业绩选择发行合适的ADR。

第二,交易所的合并。技术的发展进一步加速国际化趋势,特别是远程交易系统的发展,这意味着交易所的服务在任何地方都能实现。因此,通过收购、合并本土领先地位的交易所是一个增加竞争力的有效手段。20世纪90年代世界各证券交易所发展有两个明显特点,一是公司化,二是结盟或合并。公司化使交易所从过去处于垄断地位的神坛走进商业社会,担负起营利性组织的职责。于是,世界各交易所之间的竞争加剧,竞争的结果是合并或结盟。目前国际上大约有150多家证券交易所,将来这个数目可能极快缩减。

总之,一方面国际化降低了资本境外流动的障碍,另一方面随着通讯和运输系统的发展,技术使信息流瞬间形成,证券市场在前所未有的国际范围内竞争,所以,发行人特别是新兴市场的发行人有机会对其股票上市和筹资的市场进行选择。

第二节 中国企业境外上市的现状

一、中国企业境外上市概况

自 1993 年 7 月第一家中国内地企业青岛啤酒在香港市场成功发行 H 股以来,越来越多的中国企业开始将目光转向境外资本市场,国外的投资者与外资的投资银行也都迫不及待地关注来自中国的上市公司,希望从中找到更好的投资或者业务机会。据不完全统计,截至 2004 年底,中国香港、美国、新加坡三个主要境外上市地共有 265 家中国内地企业挂牌上市,总市值达 3 492.04 亿美元。相比境内深沪交易所 A 股和 B 股 1 377 家上市公司的流通市值 11 688.64 万元(折合 1 413.38 亿美元),境外上市规模已经大大超过了境内市场市值。从可流通市值比较,海外市场已经是境内市场的 2.47 倍(以流通市值比较相对合理,因为中国香港和美国对 H 股市值的计算只包括可流通股本)(见表 2-1)。

表 2-1 2004 年中国企业境外上市存量统计

地点	家数	市值(亿美元)
中国香港	195	2 358.59
美国	37	1 050.52
新加坡	64	82.93
合计	265	3 492.04
内地	1 377	(流通)1 413.38
		(总体)4 480.72

资料来源:深圳证券交易所综合研究所,《中国企业境外上市研究》2005。

境外上市的企业,概括起来有以下几种情况:第一,境内的大盘股,如中国石化、中国石油这样的公司,国内资本市场无法满足其需求且很难承受;第二,一些质地优良的公司愿意到境外上市,以实现新的发展;第三,一些国有企业为了改革的需要,希望在公司治理结构和经营方面有所改进,逐步与国际标准接轨;第四,公司所处行业在境外发展比较迅速,境外在该行业的专家较多,行业水平较高,这些公司一般都是新兴的高科技公司,都愿意到境外上市,希望借助境外上市跻身于行业领先地位。

从境外上市融资额看,以中国香港为例,1993年以来,中国内地企业在香港的总融资额在1997年、2000年和2004年三年分别超过境内股市融资额,12年合计中国内地企业(包括H股、红筹公司及境外非国有企业)从香港融资8 590.10亿港币,相当于9 105.50亿元,超过了内地股市8 958.32亿元的融资额(见表2-2)。

表2-2 香港中国股*与内地股市整体融资额比较

年份	香港中国股(亿港元)			内地股市(亿元)		
	IPO融资额	再融资额	总融资额	IPO融资额	再融资额	总融资额
1993	90.92	141.29	232.21	232.96	81.58	314.54
1994	114.21	116.85	231.06	87.89	50.16	138.05
1995	35.81	60.84	96.65	56.03	62.83	118.86
1996	102.61	166.19	268.81	271.63	69.89	341.52
1997	714.32	426.37	1 140.69	762.96	170.86	933.82
1998	22.15	187.13	209.27	434.64	368.93	803.57
1999	66.53	531.92	598.45	501.67	395.72	897.39
2000	964.91	2 495.62	3 460.54	826.36	774.66	1 601.02
2001	183.95	75.18	259.13	534.29	647.84	1 182.13
2002	388.84	318.85	707.68	516.96	262.79	779.75
2003	504.33	27.26	531.60	457.05	551.5	1 008.55
2004	553.51	312.02	854.00	525.45	313.67	839.12
合计	3 742.10	4 859.52	8 590.10	5 207.89	3 750.43	8 958.32

*表中所列香港中国股包括H股和红筹两类公司。
资料来源:深圳证券交易所综合研究所,《中国企业境外上市研究》2005。

从时间分布看,2003 年中国企业海外 IPO 数量为 48 家,筹资金额约 70 亿美元;2004 年海外 IPO 数量为 84 家,同比增长了 75%,筹资金额 111.15 亿美元,同比增长了 59%。

二、主要市场情况

自第一家 H 股企业在香港上市以来,香港证券市场一直是内地企业境外筹集资金的主要市场。在过去的 12 年间,香港证券市场已经为 304 家内地企业成功融资达 9 000 多亿港元,其中 H 股及红筹股共融资达 5 041.5 亿港元。

十多年中国企业境外上市实践表明,H 股的发行和上市为我国内地大型企业的培育和发展创造了良好的资金和制度条件。H 股是中国内地通过香港这个国际资本市场进行筹资的主要工具,是改善国有企业公司治理的重要手段,是推动中国内地企业和中国内地资本市场走向国际的重要途径。

此外,还有一些企业在美国、新加坡的交易所上市,这里就不再仔细分析。虽然美国、中国香港、新加坡三地资本市场上市条件和交易规则有所不同,但都对中国内地企业充满热情,试图分享中国经济的成长。由于各地市场具有不同的特点,如美国市场在融资规模方面的优势以及对科技企业的偏好,中国香港出于文化和地缘因素对中国内地企业的认同,新加坡对中小民营企业的鼎力支持,企业在上市地点的选择时应考虑自身的特点和市场定位以及不同市场的判断和投资者的评估,权衡上市的成本和收益,综合考虑可能获得的筹集资本、市场声誉、需要支付的上市费用以及维持挂牌费用等因素。

三、H 股市场和 B 股市场与内地 A 股市场的差异

我国内地企业在境外上市时,主要选择的是香港 H 股市场。香港有良好的外部环境,投资者理性形成的市场压力和法律对投资者的保护会减少企业恶意损害中小投资者的行为。此外,还有一些企业选择到 B 股

市场上市,根据捆绑理论,企业选择更加严格的市场上市,市场对其也会有一个更好的估值。虽然B股市场不在境外,但其信息披露、双重审计以及较高的投资者素质,也能起到类似的Bonding作用。以下深入分析H股和B股与A股市场的环境差异。

(一) H股市场与A股市场的环境差异

香港作为重要的自由港和世界金融中心,国际化程度很高,资本市场发达,法律完备,证券市场的监督已达到国际认可的水平。而内地市场在监管力度、法律完备程度以及中介机构素质方面均逊于香港联交所。同时发行A股和H股的公司,不仅要遵守内地证券市场的规范,还要遵守香港的上市规则,受内地和香港的双重监督。

对投资者利益的保护程度是衡量一国证券市场的重要因素。La Porta等(LLSV,1997)在这方面的研究具有开创性,他们将法律与传统金融理论紧密联系在一起,并且首先使用量化的方法来衡量一国(或地区)公司法对股东利益的保护。他们的基本方法就是总结出几项保护股东权益的最关键的法律规定,再以此为标准考察一国或地区的公司法中是否有这些规定,然后建立起一个量化的股东权利指数。在后续研究中(LLSV,2000,2002),他们发现一国或地区的股东权利指数越高,那么这个国家或地区的证券市场就越活跃,上市公司数量越多,市场价值也越高。他们又对全球各国各地区的证券法做了一个全面的定量分析。LLSV(2003)主要考察证券法对上市公司信息披露的规定,上市公司和投资者之间责、权、利的界定,证券市场监管机构调查、处理上市公司虚假信息问题的权限。

我们首先比较我国内地和香港地区公司法对小股东的保护。综合七个方面,按照LLSV(1997)的赋值方式,我国内地公司法得分为3,而香港地区为5。可以说在公司法对小股东利益保护方面,我国内地是落后于香港地区的。

表 2-3　我国内地与香港地区公司法比较

	指标	我国内地	我国香港
1	一股一票	1	0
2	邮寄投票	0	1
3	股票在股东大会前后不被冻结	0	1
4	累计投票权	0	0
5	小股东反抗公司不合理行为的权利	0	1
6	股东优先认购增发股票的权利	1	1
7	要求召开特别股东大会的最低股份比例不超过10%	1	1
	总计	3	5

资料来源：中欧国际工商学院课题组，外部环境与企业行为：海外上市对企业融资政策的影响，上证联合研究计划课题，2005年。

以下比较我国内地和香港地区的证券法在保护小股东利益方面的有效程度。在综合披露要求、举证责任、证券市场监管者特征、证券市场监管者调查权限、证券市场监管者命令权限和刑事处罚这五大方面，我国内地证券法的总得分是14.5分，而我国香港地区证券法的得分是17.5分，内地较大地落后于香港地区的证券法。总的说来，我国内地公司法和证券法在保护小股东利益上的有效程度要逊于香港地区。在其他因素相同的条件下，这就导致了我国内地上市企业的代理成本高于香港上市企业。

表 2-4　我国内地和香港地区证券法对比

		我国内地	我国香港
1	披露要求总计	4	5.5
2	举证责任总计	2	2
3	市场监管者的特征总计	2	2
4	监管者的调查权限总计	2	2
5	监管者的命令权限总计	3	3
6	刑事处罚总计	1.5	3
	证券法总计	14.5	17.5

资料来源：中欧国际工商学院课题组，外部环境与企业行为：海外上市对企业融资政策的影响，上证联合研究计划课题，2005年。

(二) B 股市场与 A 股市场的环境差异

虽然与 H 股相比，B 股只是受到内地的法律监管，但 B 股市场在信息披露上要比 A 股市场严格。首先，企业必须在国内外报纸上披露中英文的年报。其次，中报和年报还要按照国际会计准则进行编制，国际会计准则和国内会计准则之间的重大差异必须在年报中进行解释。此外，公司还需要聘请外资事务所进行审计。最后，B 股市场大多由外资持股。在信息披露、高质量的审计师以及较好的投资者作用下，我们预期 AB 股公司的公司治理和企业估值将优于 A 股公司。

相比之下，B 股市场的投资者素质也较高，这一方面会使企业的公司治理发生重大改善，同时也会使企业有较好的估值。余为政（2005）对 AB 股公司的股权结构和公司治理进行了深入分析，他发现 AB 股公司的外资股持股比例较高，均值为 66.08%，而外资股持股比例越高，企业的价值越高。同时，他又深入分析了外资股持股集中度对企业价值的影响，其研究发现，外资股的持股集中度显著高于 A 股持股集中度，而外资股持股集中度也与企业价值显著正相关。因此，AB 股公司相比 A 股公司会有更高的估值，这可能是双重披露、双重审计、外资持股、外资持股集中度的作用。表 2-5 列出了 143 个 AB 股样本公司 1998—2000 年间的股权结构描述性统计结果。TR 是流通股占总股本的比例；BR 是 B 股流通股占流通总股的比例；AD 是 A 股流通股持股集中度指标，AD = ln（流通 A 股数/A 股流通股股东数）；BD 是 B 股流通股持股集中度指标，BD = ln（流通 B 股股数/B 股流通股股东数）。从描述性统计中，我们可以看到 BD 显著高于 AD，即 AB 股公司的外资股持股集中度高于 A 股流通股持股集中度。

表 2-5　AB 股公司股权结构与外资股持股集中度的描述性统计

	均值	中位数	标准差	最小值	最大值	分位数 25%	分位数 50%	分位数 75%
TR	0.4449	0.4333	0.1280	0.2648	0.8249	0.3411	0.4333	0.5349
AD	7.3242	7.2716	0.4199	6.5338	9.4577	7.1078	7.2716	7.4666
BD	10.0916	10.1528	0.5749	7.7181	11.3130	9.6942	10.1528	10.5365
BR	0.6608	0.6995	0.1804	0.2215	0.9359	0.4959	0.6995	0.8000

资料来源：余为政，国内投资者对外资股与非流通股持股结构所持态度，清华大学博士论文，2005 年 12 月。

第三节 中国企业境外上市的动机分析

上市是企业发展历程中一个十分重要的抉择,需要企业进行多方利弊权衡。境外上市将公司置于一个完全陌生的市场环境,对企业来说成本和风险是很大的,那么企业为什么还要选择到境外上市呢?本书绪论部分从理论研究的角度分析,认为境外上市的原因在于:消除市场分割,提高公司价值;创造捆绑机制,提高公司治理水平;利用投资者"熟悉偏好",有效筹集资金。具体地说,在实际运作中,企业选择境外上市的主要目的是:方便筹集资金、提高公司在国际市场的知名度以及提高公司治理水平。此外,对来自金融管制严格国家的公司,有效回避本国企业融资的制度障碍也是许多公司寻求境外上市的原因之一。

一、方便筹集资金

境外上市改变了公司与资金供给者的关系。在一个封闭的市场中,特别是小规模市场中,资金供给者之间几乎没有竞争,公司大规模的筹资需求往往得不到满足,公司的筹资成本较高,发行证券的种类也受到限制。境外证券发行或上市在资金供给者之间创造了竞争。境外上市使公司能够接触到更多的金融技术,利用新的证券进行筹资,能更加有效地管理风险。Fanto 和 Karmel(1997)对在美国以 ADR 形式上市的公司经理调查时发现,境外上市的一个重要动机是增加筹资机会。大量的研究表明,外国公司在美国上市具有溢价效应。他们绕过了本土不发达的资本市场,接触到一个投资者基础更广阔的市场。而且,美国市场更高的流动性和效率使那些需要筹资的公司觉得境外上市更值得。Lins、Strickland 和 Zenner(2004)认为,在美国上市的公司越来越不受信用约束,因为在美国上市后,其投资不再完全受资金约束。他们分析了 1980—1996 年发达市场 81 家公司和新兴市场 105 家公司投资对现金流的敏感度,发现这一期间敏感系数下降了 30%。

同时境外上市逾越了本土市场规模的限制,为公司筹资提供了更广泛的基础。Saudagaran(1988)认为,公司在国内市场的相对规模是公司考虑决定是否境外上市的重要因素。如果在一个相对小的市场中,资本资源有限,市场缺乏弹性的供给曲线,公司大规模新股发行会使市场饱和,从而抑制股票价格。境外上市克服了市场规模的限制,叩开了国际资本市场的大门,使公司出现在更大的市场中,方便了国际投资组合,有利于降低预期回报率。就中国股市现状而言,2004年底内地市场流通总市值为1.2万亿元人民币,相比同期香港市场6.7万亿元港币、美国市场10万亿美元的市值,如此小规模的市场是无法容纳很多大型企业上市的。因此内地大型企业如中国石油、中国电信等选择借助香港市场上市,并同时在美国发行ADR集资。国际资本在中国大型企业"融资饥渴症"中扮演着重要角色,1997年至2004年香港10大IPO企业中有8家内地企业,它们均在香港和其他国际资本市场同步集资。

对于国内诸多有产品、有实力,发展迅速但是缺乏资金做大做强的民营企业而言,融资长期以来是一个大难题。由于规模不大和民营性质,民营企业很难获得大额的银行贷款,而国内的资本市场容量又有限,发行股票融资手续繁琐,这些企业家便将目光投向国际市场。国际资本市场发展迅速,资金供给充足,相关法制成熟,监管完善,手续便捷,而且交易所勇于创新,适应市场的需要开发出针对不同企业不同要求的金融产品。

二、提高了公司知名度

境外上市过程是一个很好的公关机会,通过与市场监管部门、交易所及中介机构的沟通、招股文件的分发、媒体广告宣传及分析师和投资者的见面,公司在投资界建立了广泛的联系,大大提高了其在海外市场的知名度。上市之后,公司定期业绩及重大事件的公告,公司股票价格在交易所交易系统的表现,使公司为更多人所知晓,新闻媒体对跨境上市公司的高度关注和频繁报道也给公司带来丰富的国际合作资源,公司还可以通过吸引高质量的投资者来提高企业本身的信誉度,提升国际知名度和形象,这使得公司在与客户、供应商,特别是跨国公司商谈生意时处于更加有利的地位。

境外上市还有利于产品的国际化。产品市场国际化有利于境外上市。Saudagaran(1988)以481家跨国公司(223家境外上市和258家非境外上市)为样本,从公司在国内市场的相对规模、外销比例、海外资产和海外雇员比例等方面进行分析,检验公司在一个或多个海外交易所上市和只在本国交易所上市的主要特征。他认为,接触到更大规模的产品市场和提高公司在海外市场的知名度(主要从产品市场角度)是促使公司境外上市的重要因素,外销比例高的公司才值得去承担更大的境外上市成本。Saudagaran和Biddle(1995)探讨了在某一个国家的销售及上市地点选择的关系。他们用某一交易所所在国出口量与某国该行业总出口量之比作为变量进行回归分析,结果发现:公司在交易所所在国的销售收入与交易所选择高度相关。

三、有利于改善公司治理

企业境外上市会接受更高层次投资者和更规范的国际市场监督,这对公司治理结构和管理水平的提高有很大的促进作用。如国外资本市场对企业上市以后持续的信息披露要求比较高,上市是融资的开始而非结束,按时真实地披露信息,维持与监管机构和投资者长期良好的关系对企业再融资和长期发展非常重要。同时,公司对自身管理和资金运用以及发展规划的要求也提高到一个较高的档次。

经过上百年的发展,许多境外交易所在上市公司治理及信息披露等方面都已经形成了一套比较有效的约束和规范机制。公司在这些交易所上市并按照其公司治理规范进行公司治理和信息披露,接受交易所和投资者的监督,有利于规范公司行为,降低不确定因素带来的风险,提升公司未来价值。实质上,境外上市是"租用"了上市地良好的公司治理体系。公司不可以改变本土司法环境,但通过境外上市,使公司置于严格的、成熟的监管环境中,有利于吸引投资者,降低资本成本,更好地利用发展机会。

公司治理机制的主要内容是构造一个合理的权利结构,从而在股东、董事会与经理人之间形成一种有效的激励、约束与制衡机制,以保证公司遵守有关法律法规,并实现公司和股东利益的最大化。境外上市对公司治理的影响主要体现在以下几个方面:

1. 境外上市对内部治理机制的影响首先表现在股东构成及其行使权利的机制。境外上市扩大了公司股东范围,这些投资者通常比本土投资者有经验和信息,能更好地监控管理层。同时,作为公司治理体系的基础,股东结构的变化会导致股东行使权利的方式和效果发生变化。中国的上市公司大多都是由原来的国企改制而来,虽然名义上设立了多元股权结构,但往往国有股处于绝对控股地位,而且不能上市流通,"一股独大"会导致大股东控制或支配董事会和股东大会。对大股东行为和利益的实证研究表明,不论是发达国家还是发展中国家,不管是成熟的市场经济还是处于转轨阶段的新兴经济体,一旦大股东居于绝对控股地位,都存在通过支付特殊红利、进行关联交易等途径获得内部人控制权收益的倾向。于是,股东权利的行使与保护机制在公司治理中十分重要。作为公司最高权力机构,股东大会的实际运作如股东大会通知、召开及股东投票表决权的实施等都会影响中小股东或潜在投资者对公司监督或决策的参与程度,而股东大会的许多实际运作源于市场经验或惯例,境外上市有利于公司有效吸收上市地的运作经验。

下面我们以吉林化工为例分析同时发行A股与H股的上市公司两类股东参与上市公司股东大会及投票率的情况。吉林化工自1996年9月上市以来,同年股东大会上A股股东平均投票率为0.01%,临时股东大会上A股股东平均投票率为0.14%。在举行过的18次股东大会中,有14次没有A股股东参与投票;同年股东大会上H股股东的平均投票率为24.51%,临时股东大会上H股股东平均投票率为18.56%,分别高出A股股东平均投票率24.50个百分点和18.42个百分点。这说明在其他条件相同的情况下,H股股东及相应的投票机制是决定股东投票率的重要因素,为此我们有必要对H股股东的投票机制进行探讨。H股股东表决机制基本沿用香港市场的一套比较完善的运作机制,主要通过代理人委托书进行,而不是采用授权委托书的方式,这有利于股东委托,拓宽股东投票渠道;有利于调动类别股东的积极性,提高股东大会的投票率,使上市公司成为真正的公众公司。

2. 境外上市对公司董事与董事会的作用机制也产生了影响。董事会在公司治理中具有非常关键的作用。董事会是联结公司出资人与管理者之间的桥梁,公司主要出资人,即主要股东根据发起人协议推选出董事,组成董事会对股东负责,股东大会审核、批准董事会议事规则和权责范围。在公司治理结构中,董事会一旦失去作用,制衡机制就会失效,导致公司治理失败。董事会接受股东的委托监督管理层,其监督的动力来自于自身的利益,同时还有法律赋予的相关责任。

影响董事与董事会作用机制的有以下因素:首先是董事会成员规模及其组成。董事会成员应能代表各方股东利益,一般地,董事会规模越大越能增强其代表性,同时成员之间的能力互补也提高了其监督力。其次,董事会的构成,尤其是外部董事能增强董事会的独立性,因为外部董事大多是外部人士,不是公司管理层,不参与公司的高层管理,他们多为实务界或学术界的资深人士,其专业性和执业声誉在一定程度上保证了其判断的客观性和独立性。根据董事会的职能和作用,董事会内部通常划分为执行委员会、审计委员会、薪酬委员会、提名委员会、预算委员会等,分别落实了董事会的职责,有效实现了董事会的功能。

境外成熟市场的公司内部治理机制有利于境外上市公司建立、健全内部治理机制。安然事件之后,针对完全依赖外部监控所暴露出来的问题,美国开始对公司治理模式进行一系列改革。2002年2月,根据美国证监会(SEC)的要求,纽约证券交易所(NYSE)和纳斯达克(Nasdaq)相继制定公司治理结构标准并将其纳入上市标准。其中涉及公司独立审计委员会的有关政策、董事会及管理层的持股情况、股东选举权的安排以及其他一些影响股东利益的事项,同时重新审视有关重要事项,如董事会及管理层成员的任职资格和上市公司的行为规范。2003年香港交易所还成立企业管治工作小组,分析香港及其他司法管辖区在上市公司监管实务、经验和发展等方面的最新情况,并于2003年1月刊发咨询意见总结,列出《企业管治报告》的大纲与主要条文,2004年香港交易所对《上市规则》进行修改,主要内容涉及董事及董事会的常规,包括:独立非执行董事的委任、独立性及审计委员会的要求等。

第三章 企业双重上市对企业价值的影响

在这一章,本书验证了双重上市的 AH 股公司比纯 A 股公司有更高的估值,即境外上市"溢价"(Bonding Premium)的存在性。实证结果也表明,境外上市的 AH 股比纯 A 股公司有着更高的估值,这一结论在采用面板数据、上市前后分析以及内生性检验后依然成立。由于企业价值有着多种形式,本书又对境外上市对预期资金成本的影响进行了实证检验。实证结果发现,境外上市能够降低预期资金成本。这一结论表明"捆绑理论"在中国的适用性,即境外上市的公司将自己置身于更加严格的市场和法律环境中,从而降低控股股东控制权收益,增加未来投资机会的价值。本章第一节是理论分析和研究假设,第二节是境外上市对 PB 和 PE 影响的实证检验,第三节是境外上市对预期资金成本影响的实证检验。

第一节 理论分析与研究假设

一、境外上市的成本与收益

早期的境外上市文献都是从市场分割理论角度出发进行分析的。市场分割理论认为境外上市能够突破分割的市场限制,提高股票的流动性,降低资金成本。Foerster 和 Karolyi(1987)将境外上市归因于市场的分割。他们指出,境外上市可使外国投资者突破境外投资的障碍,比如法律上的障碍、交易费用等直接成本、信息披露问题和未知的安全隐患。通过境外上市,公司提供给境外投资者更充分、及时和透明的信息以解决他们信息不足问题,从而使公司在证券市场获得较低的资金成本。市场分割理论认为,消除市场分割障碍,可以更有效地分散股票风险,从而降低资本成本。市场分割理论主要揭示境内股价随着境外上市而上涨,从而降低了资本成本,提高了公司价值。但是这一理论并不能完全解释公司境外上市的现象。因为在 20 世纪 90 年代以后,随着跨国投资壁垒以及市场分割的消除,如果根据市场分割理论的分析,我们应当看到越来越少的企业境外上市,但事实上,这段时间境外上市的数量不断增加。

到了 20 世纪 90 年代,随着法与公司治理相关研究的兴起,金融学家开始从代理理论、信息不对称理论以及公司治理的角度来研究境外上市现象,并提出了"捆绑理论"。"捆绑理论"的代表人物有 Coffee(1999,2002),Stulz(1999),Doidge(2004)。他们认为,在美国上市的公司要受到更加严格的法律监管,同时投资者也会利用公开的信息对公司进行监控。由于受到"法律捆绑"(Legal Bonding)和"声誉捆绑"(Reputation Bonding)的约束,对于控股股东而言,捆绑(Bonding)的代价是昂贵的,因为其不能攫取更多的控制权收益。因此,那些选择境外上市的公司实质上是向投资者传递了有利的信号,表明其代理成本较低,有更好的公司治理结构,或者表明其愿意降低代理问题,改善公司治理结构。Doidge,Karolyi 和

Stulz(2004)从投资者保护的角度研究了境外上市的溢价现象。他们指出境外上市公司估值高于非境外上市公司,原因是这些公司控股股东的代理成本低。他们建立了一个境外上市决定的模型。在这个模型中,境外上市对控股股东既有成本也有收益,对于未来增长机会较多的公司,境外上市后由于信息披露和监管的加强,控股股东获得的控制权私有收益将降低,但是未来现金流量将大大增加,投资者对其也有一个更好的估值。

二、境外上市的决策模型与境外上市溢价[①]

境外上市决策由控股股东决定,只有当控股股东的控制权私人收益小于其未来的现金流增长时,他才会放弃私人收益而将自己置身于严格的监管之下。这里我们借用 Doidge 等(2004)的模型来描绘控股股东在控制权私人收益和现金流收益间的权衡。

在这个模型中,我们假设控股股东的持股比例为 k。控股股东除了获得现金流量收益 kc 外,还将获得控制权收益 fc,这里的 f 是控股股东选择的控制权收益的比例,c 是企业的现金流。借鉴 La Porta, Lopez-de-Silanes, Shleifer 和 Vishny(LLSV, 2002)的研究,本书假设控股股东追求控制权私人收益的自利行为会给企业带来额外的损失,为了简化分析过程,我们假设损失是 $-1/2bf^2pc$,这里 b 是常数,p 是投资者保护程度,f 和 c 定义如上,即额外损失与投资者保护负相关,与现金流负相关。在这样的分析框架下,控股股东将获得现金流收益和控制权收益:

$$k\left(c - fc - \frac{1}{2}bf^2pc\right) + fc$$

控股股东有很多方法保证自己少获得控制权收益。他们可以建立声誉机制,可以大规模举债以降低自由现金流,可以增加信息披露质量,可以增加独立董事的比例。但是,在投资者保护较差的国家和地区,上述机制成本高昂,而且很难有效实施。通过境外上市,可以使自己置身于更加

[①] 参见 Doidge et al., 2004, Why are foreign firms listed in the U.S worth more?, *Journal of Financial Economics*, 71, 205—208。

严格的法律监管之下,这实质上是向市场传递了有利的信号,公司控股股东获得的控制权收益也会减少。我们现在假设一个公司到另外一个法律保护更好的国家上市(例如美国),这里有 $p_{US} > p$,通过境外上市,公司可以更好地为未来的增长机会融资。这会带来企业价值增加 z。

在这样的分析框架下,控股股东的收益最大化策略是:

$$\text{Max}_f k\left(c - fc - \frac{1}{2}bf^2 pc\right) + fc$$

对 f 求导,得到 $-kc - bfpkc + c = 0$。

$$f = \frac{1-k}{bpk}$$

这一结论与 LLSV(2002) 的结论一致,即投资者保护较好的国家和地区控制权私有收益相对较低。

我们将 f 的最优值代入控股股东总收益之中,得到控股股东总收益为:

$$kc + \frac{1}{2}\frac{(1-k)^2}{bpk}c$$

然而,如果企业境外上市,则控股股东总收益为

$$k(c+z) + \frac{1}{2}\frac{(1-k)^2}{bp_{US}k}(c+z) = k(c+z) + v(p_{US})(c+z)$$

对于控股股东而言,如果境外上市后的总收益大于不境外上市的总收益,即

$$k(c+z) + \frac{1}{2}\frac{(1-k)^2}{bp_{US}k}(c+z) > kc + \frac{1}{2}\frac{(1-k)^2}{bpk}c$$

他就会选择境外上市。

我们定义 $\frac{1}{2}\frac{(1-k)^2}{bp_{US}k}$ 为 $v(p_{US})$,$\frac{1}{2}\frac{(1-k)^2}{bpk}$ 为 $v(p)$,则有

$$kz + v(p_{US})z > [v(p) - v(p_{US})]c$$

等式左边是境外上市后获得的收益,等式右边是境外上市后损失的控制权收益。上面的式子表明,存在一个均衡解 z^*,若 $z < z^*$,控股股东将选择不境外上市;若 $z > z^*$,控股股东将选择境外上市。

第三章　企业双重上市对企业价值的影响

$$z^* = \frac{[v(p) - v(p_{US})]c}{k + v(p_{US})} = \left[\frac{(p_{US} - p)(1-k)^2}{2bpp_{US}k^2 + p(1-k)^2}\right]c$$

接下来,我们分析境外上市对企业价值的影响模型。我们用 Tobin's Q 作为企业价值的替代指标,根据前面的分析,企业价值为 $c - fc - \frac{1}{2}bf^2pc$。

$$q = \begin{cases} c - \left(\frac{v(p)(1+k)}{k(1-k)}\right)c & \text{如果控股股东选择不境外上市} \\ c + z - \left(\frac{v(p_{US})(1+k)}{k(1-k)}\right)(c+z) & \text{如果控股股东选择境外上市} \end{cases}$$

与 LLSV(2002)的假设一样,在其他情况相同的情况下,我们假设投资者保护越好的国家或地区,企业价值越高。同时,企业增长机会越高,企业价值越高。这样,境外上市溢价 Φ 等于:

$$\Phi = z + \frac{1+k}{k(1-k)}[v(p_{US})(c+z) - v(p)c]$$

$$\frac{\partial \Phi}{\partial p} = -\frac{1+k}{k(1-k)}\frac{\partial v(p)}{\partial p} > 0, \quad \text{as} \quad \frac{\partial v(p)}{\partial p} < 0$$

由于 Q 随着现金流和投资者保护程度的增加而增加,所以溢价 Φ 大于零。且有 $\frac{\partial \Phi}{\partial p} = -\frac{1+k}{k(1-k)}\frac{\partial v(p)}{\partial p} > 0$。即从投资者保护程度越弱的国家或其地区境外上市到投资者保护较高的国家,企业的溢价更高。

三、研究假设

前面的分析表明,境外上市对控股股东既有收益也有成本,公司到法律监管更加严格的国家或市场上市,一方面会降低控股股东的控制权私人收益,但另一方面会使其更好地利用增长机会以及上市地良好的公司治理,投资者也会对公司有更高的估值。Coffee(1999)和 Stulz(1999)认为如果一个国家的法律保护水平比较低,那么该国的公司可以在法律保护比较好的证券市场上市,这种跨市场上市(cross-listing)可以提高公司的治理水平,从而得到投资者的认可。Doidge(2004)的模型分析和实证检验均证明了溢价的存在性。而我们的分析表明,只要两个交易所之间存在质量上的差异,跨交易所上市都存在"溢价"。

在我国,A股市场、B股市场以及H股市场处于分割的状态,A股只是针对境内投资者,B股由境外投资者持有[①],B股市场的上市要求和信息披露也比A股严格,B股上市公司需要按照国际会计准则披露会计报表,而且要由国际四大会计师事务所审计。相比之下,H股在香港上市,还要受到香港严格的法律监管。因此我们有假设1:

假设1 A股公司的估值比AB股公司低,而AB股公司的估值比AH股公司低。

企业价值有多种形式,本书还用资金成本来进行分析。境外上市对企业资金成本的影响表现在以下三个方面:首先,通过境外上市,企业需要披露更多的信息,要遵守上市地更加严格的信息披露规则。而信息披露的增加会降低企业与投资者之间的信息不对称。这就会降低资金成本(Verrecchia, 2001;Leuz and Verrecchia, 2004),许多实证研究也表明,信息披露质量的提高会降低资金成本(Botosan, 1997;Leuz and Verrecchia, 2002)。其次,境外上市能够扩大潜在的投资者基础(Merton, 1987),这也会降低资金成本。Baker和Nofsinger(2002)率先检验了企业境外上市对信息环境和资金成本的影响。他们采用分析师人数和媒体披露次数作为信息环境的替代变量。其实证研究表明,在美国纽约证券交易所(NYSE)和伦敦证券交易所(LSE)上市的公司,其证券分析师的人数和媒体关注度(*Wall Street Journal*和*Journal of Financial Times*)明显高于非境外上市公司,而信息环境的改善又进一步降低了资金成本;最后,境外上市地良好的法律制度还能降低投资者的监督成本和诉讼成本,这也会降低投资者要求的回报率。由于跨交易所的AB股和AH股公司要披露更多的信息,而且信息不对称程度也更低,因此我们预期AH和AB股公司的预期资金成本低于A股公司,而AH股公司的预期资金成本又低于AB股公司。

---

① 2001年2月,B股市场对境内有美元和港币的投资者开放,但是B股市场仍然大部分由外资持有。

因此我们有假设2：

假设2 AB股公司和AH股公司的预期资金成本比A股公司低，而AH股公司比AB股公司更低。

第二节 双重上市对企业价值影响的实证研究

一、研究设计

（一）变量定义

1. 企业价值。从20世纪90年代末开始，随着法与金融理论的兴起，国外学术界突破了传统的市场分割研究思路，从境外上市的法律"约束"机制研究境外上市的溢价效应（Bonding Premium），主要观点是，相比非境外上市公司，境外上市的公司会有更高的估值。Doidge(2005)采用股权市场价值和账面价值的比值（PB）替代Tobin's Q，Segal(2004)则采用股权市场价值与净利之间的比值（PE）。

由于中国股票价格对股票价值的背离程度很大，而且关于样本资产重置成本的数据很难找到，只能用账面价值来替代重置成本，这大大地降低了Tobin's Q值的内在意义。因此，我们同时采用PB和PE来研究中国公司的溢价效应。

关于境外上市公司溢价指标的一个重要问题是选取哪个市场的股价作为研究对象，是A股还是H股市场。通常，当一个公司在另外一个交易所上市时，在调整汇率和交易成本后，两个市场的股价将大致相同。但对中国公司来说，A股、B股、H股都是分割的，B股市场和H股市场的股价远低于A股市场，与国外的情况有很大区别。因此，必须选择适当的股价指标，以衡量其溢价效应。在本书的研究中，我们选用的是A股市场的股价，因为这样基于A股市场的比较，我们可以看出A股市场的投资者对纯A股公司和双重上市的AH公司估值有何不同。

2. 双重上市。我们定义企业双重上市虚拟变量（CROSS）如下：如果企业同时在多个市场上市,则取1,否则取0。进一步,我们定义虚拟变量 AH 和 AB 如下:如果企业同时在 A 股和 H 股市场上市,则 AH 取1,否则为0;如果企业同时在 A 股和 B 股市场上市,则 AB 取1,否则为0。由于主要采用的是 A 股上市公司的数据,我们只比较了同时发行 A 股和 H 股的上市公司和只发行 A 股的上市公司的差异。只发行 H 股的上市公司和在美国上市的公司,尽管也是属于境外上市公司,而且也许其相比 A 股公司有一个更高的估值,但是由于其没有相应的 A 股数据,所以不属于我们的研究范围。此外,为了控制 B 股市场的影响,我们加入了 AB 这个虚拟变量。

3. 公司规模(Lnasset)。已有的研究表明,由于规模效应,公司规模的扩大将提高公司业绩。因此我们加入公司年末总资产的自然对数值作为公司规模的变量。

4. 销售增长率(GSALES),用$(sales_t - sales_{t-1})/sales_{t-1}$度量,根据捆绑理论,增长越快的公司会有更高的溢价。

5. 财务绩效(ROA)。此外,为了深入分析财务绩效的影响,我们根据杜邦分解体系将其分解为销售毛利率(Margin)和资产周转率(Turnover)。

6. 其他控制变量。我们加入了行业虚拟变量(IND),财务杠杆(Leverage)等作为控制变量。

表 3-1　双重上市与企业价值的变量定义

变量	变量定义
PB	市净率,年末权益的市场价值除以账面价值
PE	市盈率,年末权益的市场价值除以本年净利润
Lnasset	企业规模,用期末总资产的自然对数代替
Leverage	财务杠杆,用期末的资产负债率代替
ROA	总资产报酬率,期末净利润除以期末总资产
GSALES	本年销售增长率,$(sales_t - sales_{t-1})/sales_{t-1}$
Margin	本年销售毛利率
Turnover	本年资产周转率

(二)模型设定

Doidge(2005)采用股权市场价值和账面价值的比值(PB),Segal(2004)采用的是 PE 指标来研究溢价效应。我们则同时采用 PB 和 PE 指标研究双重上市的溢价效应,并参考 Segal(2004),Qian(2006)的模型,建立下面的回归方程来研究境外上市的溢价效应。

$$PB_{i,t} = a_0 + a_1 CROSS_{i,t} + a_2 GSALES_{i,t} + a_3 Lnasset_{i,t} + a_4 Margin_{i,t} + a_5 Turnover_{i,t} + a_6 Leverage_{i,t} + \varepsilon_{i,t}$$

或

$$PB_{i,t} = a_0 + a_1 AB_{i,t} + a_2 AH_{i,t} + a_3 GSALES_{i,t} + a_4 Lnasset_{i,t} + a_5 ROA_{i,t} + a_6 Leverage_{i,t} + \varepsilon_{i,t}$$

$$PE_{i,t} = a_0 + a_1 CROSS_{i,t} + a_2 GSALES_{i,t} + a_3 Lnasset_{i,t} + a_4 Margin_{i,t} + a_5 Turnover_{i,t} + a_6 Leverage_{i,t} + \varepsilon_{i,t}$$

或

$$PE_{i,t} = a_0 + a_1 AB_{i,t} + a_2 AH_{i,t} + a_3 GSALES_{i,t} + a_4 Lnasset_{i,t} + a_5 ROA_{i,t} + a_6 Leverage_{i,t} + \varepsilon_{i,t}$$

(三) 数据来源

本章的研究所需要公司的财务数据和股价数据均来自万得咨讯(Windwise)。企业境外上市的列表来自"天软金融分析"。我们的样本时间段是1997—2004年。上市公司的行业划分依据中国证监会2001年最新颁布的行业分类标准。数据选取标准如下:

1. 去掉上市年限小于1年的上市公司。
2. 去掉财务数据、股价数据不完全的上市公司。
3. 去掉金融类上市公司。

按照上述标准,本书剔除了财务数据、股价缺失的样本,剔除10家金融业上市公司,剔除上市年限小于1年的上市公司,最终得到8 019个有效样本。其中,仅发行A股的上市公司样本数7 194家,发行A股和H股的上市公司样本数175家。此外,各年度AH股、A股、AB股样本总数如下所示:

表 3-2 企业境外上市各年度样本列表

年份	股份	1997	1998	1999	2000	2001	2002	2003	2004
上市公司数量	纯A股	637	727	822	955	1 023	1 085	1 229	1 228
	AB股	75	80	82	86	88	87	86	86
	AH股	17	18	19	19	25	27	28	29

二、描述性统计

本书最终得到 A 股上市公司有效样本 8 019 个,本书将样本分为三组,一组是纯 A 股公司,一组是双重上市的 AH 股公司,一组是双重上市的 AB 股公司。AH 股公司和 AB 股公司有两点主要差异:第一是 AB 股和 AH 股公司尽管都要按照国际会计准则披露额外信息和主要由外资持股,但是 AH 股公司还受到香港的法律监管;第二就是 AH 股公司基本上都是先在香港上市,再回 A 股上市,而 AB 股公司则是一部分先在 A 股市场上市,一部分先在 B 股市场上市。

表 3-3 给出了主要变量的描述性统计结果。我们发现同时在内地、香港上市公司的规模要明显大于只在内地上市的公司。境外上市的 AH 股公司资产的自然对数均值为 22.58,而只在内地上市的 A 股公司只有 20.85。总体而言,AH 股公司的资产规模大于 AB 股公司,AB 股公司的资产规模又大于 A 股公司。同时,对于企业价值指标而言,我们发现双重上市的公司 PE 指标较高,AB 股的 PE 均值为 229.16,AH 股的是 154.51,均显著高于 A 股;PB 指标则有一些差异,AB 股公司的 PB 最高,均值为 9.43,而 AH 股为 3.48,A 股为 5.01。

表 3-3 双重上市与企业价值的描述性统计

		纯 A 股	AB	AH
PB	均值	5.01	9.43	3.48
	标准差	40.92	47.52	2.16
	最小值	-105	-52.03	1.07
	最大值	266	104	16.12
PE	均值	96.76	229.15	154.51
	标准差	346.71	1 182.46	467.39
	最小值	-978.33	-3 618.33	-89.62
	最大值	1 475.00	265.00	457.00
Lnasset	均值	20.85	21.43	22.58
	标准差	0.86	0.90	1.24
	最小值	17.41	18.77	20.17
	最大值	25.73	23.95	26.85

(续表)

		纯 A 股	AB	AH
ROA	均值	0.02	-0.01	0.02
	标准差	0.15	0.26	0.06
	最小值	-6.33	-3.99	-0.30
	最大值	0.51	0.18	0.16
GSALES	均值	45.66	21.59	16.78
	标准差	634.67	92.69	33.51
	最小值	-130.8	-98.69	-82.97
	最大值	400.71	144.51	199.47
	有效样本数量	7 194	650	175

表 3-4 是样本均值和中位数的显著性检验结果，总体而言，双重上市公司的 PB 均值为 8.17，A 股公司则为 5.01，差异在 95% 的置信区间内通过了显著性检验。双重上市公司的 PE 均值为 213.32，也在 99% 的置信区间内显著高于纯 A 股公司。纯 A 股公司的 PB 中位数为 3.56，双重上市的 AB 股公司和 AH 股公司则为 3.77，高于纯 A 股公司，且在 95% 的置信区间通过了 Wilcoxon 秩和检验的显著性检验。

表 3-4 企业价值样本均值和中位数的显著性检验

1997—2004 混合数据	平均值 纯 A 股	平均值 双重上市	t 统计量	中位数 纯 A 股	中位数 双重上市	Z 统计量
PB	5.01	8.17	2.093**	3.56	3.77	-2.132**
PE	96.76	213.32	6.672***	41.32	40.95	-1.080
观测值	7 194	825		7 194	825	

注：对均值进行了 t 检验，对中位数进行了 Wilcoxon 秩和检验。
，* 分别表示在 5%，1% 的显著性水平上显著。

三、相关分析

表 3-5 给出了境外上市与企业价值的 Pearson 相关系数分析。从表 3-5 来看，企业价值 PB 与双重上市 CROSS 显著正相关（Pearson 相关系数为 0.023，并且在 95% 的置信区间内双尾显著）；PE 也与双重上市 CROSS 显著正相关（Pearson 相关系数为 0.074，并且在 99% 的置信区间内双尾

显著);此外,PB 与销售增长率也显著正相关(Pearson 相关系数为 0.022,并且在 95% 的置信区间内双尾显著),这与"捆绑理论"的预期一致,即销售增长越快的公司境外上市后价值越高。

表 3-5 双重上市与企业价值的 Pearson 相关系数分析

	PB	PE	Lnasset	Leverage	ROA	GSALES	CROSS
PB	1	0.026**	-0.044***	0.025**	0.016	0.022**	0.023**
PE		1	-0.049***	0.000	-0.001	-0.003	0.074***
Lnasset			1	-0.042***	0.006	-0.009	0.277***
Leverage				1	-0.542***	0.015	0.039***
ROA					1	0.014	-0.068***
GSALES						1	-0.009
CROSS							1

注:表中是 Pearson Coefficients。
** 和 *** 分别表示在 5% 和 1% 的显著性水平上显著。

四、境外上市的溢价效应

"捆绑理论"的主要观点是,相比非境外上市公司,境外上市的公司会有更高的溢价。Doidge(2005)采用的是股权市场价值和账面价值的比值(PB),以替代 Tobin's Q。然而,Segal(2004)采用的是 PE 指标。我们则同时采用 PB 和 PE 指标研究境外上市的溢价效应,主要参考 Segal(2004)、Qian(2006)的模型,来研究境外上市的溢价效应。

$$PB_{i,t} = a_0 + a_1 CROSS_{i,t} + a_2 GSALES_{i,t} + a_3 Lnasset_{i,t} + a_4 Margin_{i,t} + a_5 Turnover_{i,t} + a_6 Leverage_{i,t} + \varepsilon_{i,t}$$

或

$$PB_{i,t} = a_0 + a_1 AB_{i,t} + a_2 AH_{i,t} + a_3 GSALES_{i,t} + a_4 Lnasset_{i,t} + a_5 ROA_{i,t} + a_6 Leverage_{i,t} + \varepsilon_{i,t}$$

$$PE_{i,t} = a_0 + a_1 CROSS_{i,t} + a_2 GSALES_{i,t} + a_3 Lnasset_{i,t} + a_4 Margin_{i,t} + a_5 Turnover_{i,t} + a_6 Leverage_{i,t} + \varepsilon_{i,t}$$

或

$$PE_{i,t} = a_0 + a_1 AB_{i,t} + a_2 AH_{i,t} + a_3 GSALES_{i,t} + a_4 Lnasset_{i,t} + a_5 ROA_{i,t} + a_6 Leverage_{i,t} + \varepsilon_{i,t}$$

PB 是用期末流通股股价除以期末每股净资产，PE 是用期末流通股股价除以本年每股收益。所有的样本都是基于 A 股市场的比较。如果存在境外上市的"溢价效应"，AB 和 AH 的系数应当显著为正。同时，Doidge(2004)发现增长速度较高的企业其溢价更高，因此本书在模型中加入了销售增长率这个指标，预期 GSALES 应当显著为正。在回归模型中还有三个控制变量，分别是企业规模(Lnasset)、资产负债率(Leverage)和企业绩效(ROA)，数据来自万得咨讯，混合数据共 8 019 个，样本的时间段是 1997—2004 年。其中纯 A 股公司 7 194 个，AB 股 650 个，AH 股 175 个。

回归结果如表 3-6 所示。表 3-6 的第一部分是关于 PB 指标的回归结果，AB 股的系数为 5.867，且在 99% 的置信区间通过了显著性检验(t 值为 3.429)，AH 股的系数尽管也为正，但并不显著。CROSS 的系数为 4.939，且在 99% 的置信区间通过了显著性检验(t 值为 3.146)。表 3-6 的第二部分是关于 PE 指标的回归结果，AB 和 AH 的系数都显著为正。CROSS 的系数为 147.809，且在 99% 的置信区间通过了显著性检验(t 值为 8.142)。总体而言，双重上市的公司价值比纯 A 股公司要高。相比 AH 股公司，双重上市的 AB 股公司尽管不是在境外上市，但是其 B 股市场的上市规则要求要比 A 股市场高。而且也要披露两套报表且主要由外资持股，因此 AB 股公司处于比 A 股公司更加严格的市场环境之中，实证检验也表明其公司价值比 A 股公司要高。对于双重上市的 AH 股，实证研究结果表明其企业价值也高于纯 A 股公司。

表 3-6　双重上市与企业价值的回归分析(混合数据)

	PB		PE	
Intercept	55.334	51.281	909.433	897.842
	(5.032)***	(4.717)***	(7.145)***	(7.144)***
Lnasset	−2.564	−2.293	−39.005	−37.127
	(−4.856)***	(−4.395)***	(−6.383)***	(−6.155)***
Leverage	5.963	2.584	−0.164	−5.508
	(3.798)***	(1.999)**	(−0.009)	(−0.369)
ROA	13.497		32.422	
	(3.905)***		(0.810)	

(续表)

	PB		PE	
Margin		0.007		0.239
		(0.272)		(0.803)
Turnover		0.475		-43.637
		(0.450)		(-3.582)***
AB	5.867		156.187	
	(3.429)***		(7.886)***	
AH	3.048		125.302	
	(0.933)		(3.316)***	
CROSS		4.939		147.809
		(3.146)***		(8.142)***
GSALES	0.001	0.001	-0.002	-0.002
	(1.732)*	(1.859)*	(-0.267)	(-0.182)
样本数	8 019	8 019	8 019	8 019
Adjusted R^2(%)	5%	3%	10%	12%
F 值	8.287	5.394	14.848	17.012
p 值	0.000	0.000	0.000	0.000

注：*，** 和 *** 分别表示在 10%，5% 和 1% 的显著性水平上显著。

控制变量的结果也与理论相符，企业规模(Lnasset)在四个方程中都显著为负，表明规模越大的企业估值相对更低，这与 Qian(2006)的结果一致，也与国外的结论基本相符(Agrawal and Knoeber,1996)。ROA 与企业价值正相关，在 PB 这一组通过了显著性检验，但是在 PE 这一组没有通过显著性检验。资产负债率在 PB 组中显著为正，表明债务越高，财务杠杆导致更高的估值。资产周转率(Turnover)这个控制变量的结果则并不完全一致。

五、面板数据的回归结果

面板数据是指对不同时刻的截面个体作连续观测所得到的多维时间序列数据。面板数据模型是一类利用面板数据分析变量间相互关系并预测其变化趋势的计量经济模型，模型能够同时反映研究对象在时间和截面单元两个方向上的变化规律及不同时间、不同单元的特性。面板数据模型综合利用样本信息,使研究更加深入,而且可以减少多重共线性带来的影响。

一般的面板数据模型如下所示:
$$y_{it} = \alpha_i + \beta_{it}' x_{it} + u_{it}$$
其中,参数 α_i 与 β_i 都是个体时期恒量(Individual Time-invariant Variable),其取值只受到截面单元不同的影响。在参数不随时间变化的情况下,截距和斜率参数又可以有如下两种情况:(1)回归斜率系数相同(齐性)但截距不同;(2)回归斜率系数和截距都相同。这里采用的是第一种即回归斜率系数相同(齐性)但截距不同模型。

根据样本数据性质的不同,上述模型有固定效应(Fixed Effects)模型和随机效应(Random Effects)模型之分,并分别对应不同的参数估计方法。下面以变截距模型作为例子进行说明。

这里所说的固定效应模型是指把遗漏的个体 α_i 当作未知的固定常数,随机效应模型则把它们视为如同 u_{it} 一样的随机变量。当时间序列长度 T 很小而截面单元个数 N 又较大时,两种模型的结果差异可能非常大,因此要正确选择模型类别。

如果研究者仅以样本自身效应为条件进行推论,宜使用固定效应模型,如果欲以样本对总体效应进行推论(Marginal Inference),则应采用随机效应模型。例如,一项针对一些个体的试验,最终也只关心这些个体的情况,可以使用固定效应模型。但是,若把这些个体当作一个总体的随机抽样,关心的是总体情况,应该选择随机效应模型。

综合上述因素,本书采用随机效应模型来估计境外上市的溢价效应。回归结果见表3-7。在控制了年份和样本特征后,随机效应的结果与混合数据的结果基本相同。就回归结果总体而言,跨交易所的公司比纯A股公司有更高的估值。

表 3-7　双重上市与企业价值的回归分析（面板数据）

	PB		PE	
Intercept	44.81078	40.51126	888.0088	901.2269
	(2.346034)**	(2.130463)**	(4.853277)***	(4.942140)***
Lnasset	-2.043295	-1.757476	-37.47789	-36.65407
	(-2.227238)**	(-1.924687)*	(-4.262317)***	(-4.186402)***
Leverage	6.119832	2.344631	-5.554569	-13.03798
	(2.739400)***	(1.253403)	(-0.242697)	(-0.685690)
ROA	16.12747		45.30844	
	(3.191120)***		(0.841254)	
Margin		0.043572		0.870190
		(0.501413)		(0.942059)
Turnover		0.906477		-46.02340
		(0.514036)		(-2.675325)***
AH	1.246008		135.0262	
	(0.216202)		(2.558502)**	
AB	5.274144		174.2661	
	(1.857195)*		(6.711895)***	
CROSS		4.100043		165.8204
		(1.551859)		(6.837324)***
GSALES	0.003129	0.003324	-0.004135	-0.002679
	(2.221906)**	(2.358508)**	(-0.275832)	(-0.178615)
样本数	5 125	5 116	5 125	5 116
Adjusted R^2(%)	3.47	14.01	9.561	10.89
F 值	3.975***	2.195929**	9.243745***	10.38609***
p 值	0.001	0.040508	0.000000	0.000000

注：回归方程如下所示，采用面板数据随机效应模型进行分析。

$$\text{PB}_{i,t}/\text{PE}_{i,t} = a_0 + a_1 \text{AB}_{i,t} + a_2 \text{AH}_{i,t} + a_3 \text{GSales}_{i,t} + a_4 \text{Lnasset}_{i,t} + a_5 \text{ROA}_{i,t} + a_6 \text{Leverage}_{i,t} + \varepsilon_{i,t}$$

或

$$\text{PB}_{i,t}/\text{PE}_{i,t} = a_0 + a_1 \text{CROSS}_{i,t} + a_2 \text{GSALES}_{i,t} + a_3 \text{Lnasset}_{i,t} + a_4 \text{Margin}_{i,t} + a_5 \text{Turnover}_{i,t} + a_6 \text{Leverage}_{i,t} + \varepsilon_{i,t}$$

*，**和***分别表示在 10%，5%和 1%的显著性水平上显著。

六、分年度检验

为了更加深入地检验样本的特征,我们还对境外上市与企业价值进行了敏感性分析,表 3-8 是分年度的检验结果。总体而言,样本的数量逐渐上升。各年的 CROSS 变量显著为正,这进一步验证了前面的结论,即跨交易所的公司价值比纯 A 股公司要高。企业规模变量总体而言显著为负,与前面的结论基本一致;资产周转率则总体而言为负。分年度检验验证了前面大样本研究的数据可靠性,又表明年度之间的差异并不大,并不影响总体结论。

七、境外上市前后企业价值的变化(Listing Effect)

尽管我们发现境外上市的公司相对纯 A 股公司估值要高,但有可能是因为境外上市公司在上市前价值本来就较高,因此我们需要研究境外上市前后的差异,这里采用 AB 股公司与 A 股公司对比分析。

之所以采用 AB 股公司和 A 股公司比较,是因为 AH 股公司基本上都是先在香港上市,后到 A 股上市。而 AB 股公司却有一部分先在 A 股上市,后到 B 股上市,这符合我们的研究目的。在 86 家 AB 股公司中,有 42 家先在 B 股市场上市,有 44 家先在 A 股市场上市。如果"捆绑理论"成立,那么这 44 家 AB 股公司在到 B 股市场上市后应有一个估值的增加。借鉴 Qian(2006)的模型,

$$PB_{i,t}/PE_{i,t} = a_0 + a_1 Pre_{i,t} + a_2 Post_{i,t} + a_3 GSALES_{i,t}$$
$$+ a_4 Lnasset_{i,t} + a_5 Margin_{i,t} + a_6 Turnover_{i,t}$$
$$+ Control\ Variables_{i,t} + \varepsilon_{i,t}$$

这里的样本是 A 股和先在 A 股上市后到 B 股上市的 AB 股。样本的时间段是 1992—2000 年,这是因为大多数的 AB 股公司在 1994—1998 年左右到 B 股上市,为了保证在 B 股市场上市前后有相似的年份,我们选取了 1992—2000 年的样本期间。

表 3-8 境外上市与企业价值的分年度检验（1997—2004）

YEAR	N	Intercept	Lnasset	Leverage	GSALES	CROSS	Margin	Turnover	Adjusted R^2 (%)
1997	667	-42.036 (-0.152)	8.921 (0.639)	-91.037 (-1.349)	-0.157 (-1.12)	64.522 (1.885)*	-18.656 (-0.775)	-50.097 (-1.948)*	1.3
1998	746	428.527 (2.001)**	-19.414 (-1.828)*	84.171 (1.853)*	-0.075 (-0.648)	167.634 (6.303)***	3.3 (0.987)	-15.721 (-0.679)	5.3
1999	863	488.807 (0.592)	-13.668 (-0.338)	-169.747 (-1.094)	-0.005 (-0.124)	406.337 (3.834)***	-5.175 (-0.29)	-110.656 (-1.267)	1.5
2000	994	2153.44 (3.993)***	-95.095 (-3.665)***	93.961 (0.992)	-0.181 (-1.338)	116.916 (1.67)*	3.164 (1.253)	-86.224 (-1.682)*	1.5
2001	1072	2117.35 (5.043)***	-94.047 (-4.707)***	24.595 (0.468)	-0.004 (-0.11)	222.042 (3.918)***	15.076 (1.312)	-67.852 (-1.746)*	2.6
2002	1145	1386.81 (4.765)***	-61.632 (-4.446)***	72.106 (1.688)*	0.025 (0.661)	133.252 (3.175)***	15.552 (2.46)**	-25.297 (-0.895)	2.1
2003	1212	581.966 (4.35)***	-22.88 (-3.62)***	-3.074 (-0.175)	0 (-0.003)	72.597 (3.6)***	0.142 (0.76)	-18.406 (-1.543)	1.5
2004	1311	551.075 (6.093)***	-22.638 (-5.295)***	-12.271 (-1.723)*	-0.001 (-0.283)	40.659 (2.768)***	0.1 (0.801)	-0.603 (-0.078)	2.0

注：*，** 和 *** 分别表示在 10%，5% 和 1% 的显著性水平上显著。

回归方法同时采用混合数据(Pooled Data)和面板数据(Panel Data)随机效应模型进行检验。Pre(Post)含义如下:如果 AB 股样本的年份在跨交易所上市前,则取 Pre = 1,Post = 0;如果 AB 股所在年份在跨交易所之后,则取 Pre = 0,Post = 1。

B 股市场的上市要求比 A 股市场严,B 股公司主要是外资持股,而且需要按照国际会计准则披露信息。如果"捆绑理论"成立,那么 Post 变量应该显著为正,而 Pre 变量应该不显著,即跨交易所上市的 AB 股在 B 股市场上市后在 A 股市场上有一个"溢价"。

表 3-9 同时给出了混合数据和面板数据随机效应模型的结果。混合数据的 PB 指标模型中,Pre 的系数为 0.732,t 值为 0.772,PE 指标模型的

表 3-9 境外上市公司上市前后的比较分析

	混合数据		面板数据	
	PB	PE	PB	PE
Intercept	19.098	581.598	19.128	586.496
	(7.831)***	(3.180)***	(7.787)***	(3.152)***
Lnasset	-0.771	-24.826	-0.770	-25.218
	(-6.345)***	(-2.723)***	(-6.284)***	(-2.717***)
Leverage	1.152	55.414	1.015	63.215
	(2.162)**	(1.387)	(1.839)*	(1.512)
GSALES	0.000	-0.010	0.0002	-0.0102
	(1.444)	(-0.745)	(1.444)	(-0.740)
Margin	0.026	1.465	0.0266	1.518
	(1.273)	(0.942)	(1.228)	(0.959)
Turnover	0.019	-3.627	0.0186	-3.640
	(0.597)	(-1.520)	(0.581)	(-1.502)
Pre	0.732	-67.066	1.072	-65.138
	(0.772)	(-0.944)	(1.107)	(-0.888)
Post	1.122	134.253	1.093	130.816
	(2.172)**	(3.466)***	(2.124)**	(3.353)***
样本数	3 346	3 346	3 346	3 346
Adjusted R^2(%)	1.1	1.6	1.1	3.8

注:样本期间为 1992—2000 年,括号内是 t 值。

*,** 和 *** 分别表示在 10%,5% 和 1% 的显著性水平上显著。

Pre 系数为 -67.066, t 值为 -0.944, 这表明在跨交易所上市前, AB 股公司与 A 股公司的差异不大。但是, AB 股公司上市后, PB 指标 Post 的系数为 1.122, t 值为 2.172, 在 95% 的置信区间通过了显著性检验。PE 指标 Post 的系数为 134.253, t 值为 3.466, 在 99% 的置信区间也通过了显著性检验。上述证据表明, 在跨交易所上市前, AB 股公司与 A 股公司的差异不大, 但是在跨交易所上市后, AB 股公司有了更高的"溢价"。面板数据的回归结果与混合数据基本一致, 进一步说明了跨交易所上市的"溢价效应"。由于数据的局限, AH 股公司基本上都是先在 H 股上市, 后到 A 股上市, 这使我们无法直接验证 AH 股的上市效应。但是 AB 股的研究从一个侧面反映了"捆绑理论"的适用性。将来随着 A 股公司境外上市样本的增多, 我们可以进行后续的研究, 而且还可以采用事件研究方法(Event Study)研究境外上市的市场反应, 并用长期绩效与市场反应相印证, 以研究境外上市前后企业价值的变化。

八、内生性检验

前面的研究有一个潜在的问题就是内生性问题。例如, 境外上市的公司价值较高, 但是境外上市本身又受到其他与企业价值无关的因素的影响。这样, 如果没有控制境外上市本身的选择问题, 即境外上市本身并不是随机的, 前面的回归分析就是有偏的(Greene, 1997)。

考虑以下模型:

$$Q_i = \alpha + \beta X_i + \delta C_i + \varepsilon_i$$

$$C_i^* = \gamma w_i + \mu_i$$

$$C_i = 1, \quad \text{if} \quad C_i^* > 0$$

$$C_i = 0, \quad \text{if} \quad C_i^* \leq 0$$

这里, Q_i 代表公司价值, 如果 C_i 取 1, 则代表境外上市, 然而境外上市本身又受到很多其他因素(w_i)的影响。如果 w_i 影响 Q, 或者 μ 与 ε 相关, 境外上市变量 C_i 就不是随机的且与 ε 相关, 此时的最小二乘法线性回归就是有偏的。

如果假设随机变量 ε 和 μ 是正态分布,均值是 ε_i 和 η_i,方差是 σ_ε 和 σ_η,相关系数为 ρ,则:

$$E(Q_i \mid C_i = 1) = \alpha + \beta X_i + \delta + \rho\sigma_\varepsilon \lambda_{i1}(\gamma w_i)$$

$$E(Q_i \mid C_i = 0) = \alpha + \beta X_i + \rho\sigma_\varepsilon \lambda_{i2}(\gamma w_i)$$

这里,$\lambda_{i1} = \varphi(\gamma w_i)/[\phi(\gamma w_i)]$,$\lambda_{i2} = -\varphi(\gamma w_i)/[1 - \phi(\gamma w_i)]$,$\varphi(\gamma w_i)$ 和 $\phi(\gamma w_i)$ 分别为标准正态密度函数和标准正态分布函数。境外上市与非境外公司企业价值的差异是:

$$E(Q_i \mid C_i = 1) - E(Q_i \mid C_i = 0)$$
$$= \delta + \rho\sigma_\varepsilon \varphi(\gamma w_i)/[\phi(\gamma w_i)(1 - \phi(\gamma w_i))]$$

如果选择性修正 λ_i 从最小二乘回归中被忽略了,则简单最小二乘估计会夸大境外上市与非境外公司企业价值的差异。用单方程估计并不能解决这个问题,只能采用极大似然估计,但是极大似然估计相当复杂。为了控制这个内生性问题,通常采用 Heckman 检验(Greene,1990)。本文的 Heckman 检验方法主要借鉴 Doidge(2004)和 Qian(2006)。Heckman 检验分两步:

第一步:采用极大似然估计的 Probit 模型计量境外上市的因素,这里主要有行业、规模和地区的市场化程度指数,用极大似然估计求出二元选择模型的系数 γ,

$$l(\gamma) = \ln(\gamma) = \sum_{i=1}^{n}[c_i \ln(1 - F(-\gamma w)) + (1 - c_i)\ln F(-\gamma w)]$$

然后,利用 Probit 回归的系数得出新变量 Lamdda,Lamdda = $\varphi(\gamma w_i)/\phi(\gamma w_i)$。

第二步:用 Q 对原方程以及新变量 Lamdda 作最小二乘估计,就可以得到一致无偏的估计。

Heckman 两阶段检验方程如下所示:

Probit Regression:AB/AH = $\beta_0 + \beta_1$ Lnsales + β_2 Market
+ Industry Dummies + ε

$PB_{i,t}/PE_{i,t} = a_0 + a_1 AB_{i,t} + a_2 AH_{i,t} + a_3 GSALES_{i,t} + a_4 Lnasset_{i,t}$
$+ a_5 ROA_{i,t} + a_6 Leverage_{i,t} + a_7 Lamdda_{i,t} + \varepsilon$

表 3-10 境外上市的溢价效应（内生性检验）

	Probit 模型	Panel A. PB Heckman Test	Panel B. PE Heckman Test
Intercept	-8.6676	37.893	679.662
	(-23.31)***	(2.644)***	(4.101)***
Lnsales	0.2495		
	(14.67)***		
Lnasset		-1.928	-30.730
		(-3.069)***	(-4.229)***
Leverage		6.759	-0.786
		(4.199)***	(-0.042)
ROA		16.301	29.482
		(4.501)***	(0.704)
GSALES		0.001	-0.002
		(1.742)*	(-0.198)
AB		6.407	164.628
		(3.647)***	(8.103)***
AH		3.130	128.601
		(0.950)	(3.374)***
Market	0.2196		
	(16.11)***		
Lamda		1.882	29.131
		(1.711)*	(2.289)**
Industry Dummies	Included		
样本数	7881	7881	7881
Adjusted R^2	14.79%	6%	11%

注：*，**和***分别表示在10%，5%和1%的显著性水平上显著。

表3-10分为三个部分，第一部分是Probit模型的回归结果，第二和第三部分是加入了新变量Lamdda后的回归结果。在Probit模型中，因变量是Cross，定义为跨交易所的AB股或AH股；对于自变量，我们选择了三组因素，第一是销售收入的自然对数Lnsales，第二是市场化指数的总指数（Market，参见樊纲、王小鲁的《中国市场化指数——各地区市场化进程

2004年度报告》，第三是企业所在的行业虚拟变量，行业划分依据中国证监会2001年最新颁布的行业分类标准。与Doidge（2004）类似，我们在Probit模型中没有加入其他企业特征的变量。Probit模型的结果表明，企业规模、市场化程度是影响跨交易所上市的重要因素。PB和PE的结论基本支持跨交易所上市能够有一个较高的溢价。在PB模型中，AB股的虚拟变量系数为6.407，且在99%的置信区间内通过了显著性检验，AH股的系数为3.13，没有通过显著性检验。PE模型中，AB股的虚拟变量系数为164.628，且在99%的置信区间内通过了显著性检验，AH股的系数为128.601，在99%的置信区间内通过了显著性检验。

九、研究结论

根据"捆绑理论"，公司从法律保护较弱的市场到法律保护较好的市场上市，实质上是将自己置身于更加严格的公司治理环境，公司由此向市场传递有利的信号，导致企业的估值增加。对于境外上市的溢价效应，本节通过比较双重上市的AB股以及AH股公司和A股公司的差异，在国内首次对双重上市公司的"溢价效应"进行深入全面的实证检验，结果发现了溢价现象的存在。面板数据的检验结果，上市前后价值变化的分析和内生性检验结果则近一步验证了上述结论的可靠性。

第三节　双重上市与预期资金成本
——来自Ohlson-Juettner模型的经验证据

本章第二节全面分析了境外上市的"溢价"现象，实证研究结果表明，境外上市的公司确实存在"溢价"。但是，企业价值又有着多种形式，一个可能的原因就是境外上市能够降低资金成本。尽管溢价与资金成本的降低在理论上一致，但是溢价并没有提供降低资金成本的直接证据。公司到监管更加严格的市场上市，其有效的约束（Bonding）能够降低控股股东的控制权收益；同时，还能使企业增加信息披露，遵守上市地的信息披露规则,降低信息不对称,降低资金成本(Merton,1987)。

在境外上市的文献里,有一些学者研究了境外上市对资金成本的影响。Vihang 和 Miller(2000)采用32个国家的126个样本研究了境外上市对资金成本的影响,他们发现企业境外上市后,资金成本降低了42%。但是他们采用的是一种事后的(ex-post)资金成本,即股利折现模型。正如作者而言,更加准确的方法应该是使用事前的(ex-anta)预期资金成本。尽管早期有各种不同的假说表明境外上市能降低预期资金成本,但是一直缺少实证的证据。Chritian Leuz(2004)的研究打开了境外上市研究的新局面。Chritian Leuz(2004)从现金流量效应和资金成本效应两个方面,首次实证证明了境外上市能降低预期资金成本。而且,他们采用的是 Ohlson 等人的预期资金成本模型,使资金成本的计算更加科学和真实。[①]最后,他们的研究是大样本的跨国研究,突破了数据样本小的限制。

在中国这个新兴市场,股票市场的发展时间相对较短,而且股价波动较大,股票收益受政府干预和企业重大事件的影响较大,这使得采用事后的数据计算资金成本存在很大困难。本书采用了预期资金成本来研究境外上市对资金成本的影响。

一、研究设计与样本选择

(一) 预期资金成本与 Ohlson-Juettner 模型

资金成本是公司财务的核心理念。理论和实务界通常采用的资金成本模型包括 CAPM 模型(Sharpe, 1964)、ICAPM 模型(Merton, 1971)、APT 模型(Ross, 1976)以及 Fama-French 的三因素模型。这些模型都是采用事后的收益或股利来计算企业的资金成本。但采用事后的数据计算资金成本并不准确。因为,首先,采用事后的数据计算资金成本需要较长的时间序列(Stulz, 1999),美国自1920年就有了股票市场的年度数据,

---

[①] 资金成本的计算目前有两种主要的方法,一种是采用事后的股利增长模型,一种是采取事前的 Ohlson 等人的预测模型。事后的股利模型包括了市场预期的变化,因此要求股价相对稳定,事前的预期模型则主要建立在未来分析师的预期基础上。

但是中国的股票市场就只有十几年,数据的时间序列太短;其次,采用事后的数据计算资金成本需要股票的报酬必须是随机的,在整个样本期变化不大,但是境外上市本身就是企业一项重大的事件,很难满足这些前提假设(Sarkissian and Schill, 2003);最后,境外上市突破了市场的分割,这就使得简单的CAPM模型不适用,而应当采用ICAPM,但是ICAPM对于市场的分割以及国际投资组合的假设又较多,使得计算出来的资金成本准确性较差。

由于以上原因,金融学家开始探索采用事前的数据计算资金成本。这种方法的核心思想是采用股票价格和事前的盈利预测数据倒推资金成本。预期资金成本用的是企业预期的每股净利润收益(分析师的盈利预测比较容易得到)而不是股息;也不一定假设固定增长率;而且因为有很多证券分析师预测企业的盈利,预期的净利润比预期的股息更为可靠。

Ohlson在对其剩余收益模型改进以后,得出了Ohlson-Juettner模型。Ohlson-Juettner模型采用的是企业预期的每股净利润收益而非股息;也不一定假设固定增长。在Ohlson-Juettner模型中,只需要未来两期的盈利预测,股利支付率以及未来永续增长率,这样就可以估算企业价值。反之,知道这些参数和企业价值,则可以倒推出企业的预期资金成本。[①] 事后的股利模型包括了市场预期的变化,事前的预期模型则主要建立在分析师未来预期的基础上。由于预期资金成本关注未来,而并不拘泥于过去,这使得其受到理论界和实务界的推崇。我们这里先用一个简化的模型来分析Ohlson-Juettner模型。

Ohlson-Juettner模型的两个重要因素是未来的盈利预测及其增长率。通常,我们可以得到未来两年及其以后的盈利增长率,即使没有未来明确的增长率,我们也可以在模型中假定其为恒定的常数,如下图所示。

---

① 预期资金成本的计算见 Dan Gode, 2003, Inferring the cost of capital using the Ohlson-Juettner model, *Review of Accounting Studies*, 8(4), 399—431。

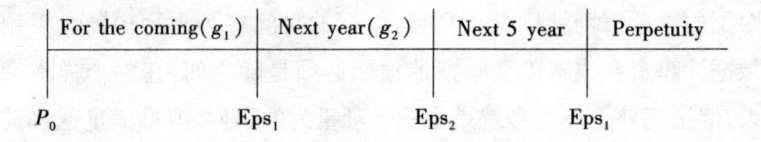

For the coming(g_1)	Next year(g_2)	Next 5 year	Perpetuity
P_0	Eps_1	Eps_2	Eps_1

在简化的模型中,我们借鉴 Gorden 增长模型,并有以下假设:

(1)股价等于未来股利的折现;
(2)存在固定的股利支付率政策,这里简化为股利全部支付;
(3)未来的永续增长率恒定 $g_p = \gamma - 1$。

根据 Gorden 增长模型,$P_0 = \text{eps}_1/(r_e - g_p)$,这里 r_e 为资金成本,且 $r_e > g_p$。

$$P_0 = \frac{\text{eps}_1}{r_e} - \frac{\text{eps}_1}{r_e} + \frac{\text{eps}_1}{r_e - g_p} = \frac{\text{eps}_1}{r_e} + \frac{g_p \text{eps}_1}{r_e(r_e - g_p)}$$

由于 $g_p \text{eps}_1 = \text{eps}_2 - \text{eps}_1$,我们有

$$P_0 = \frac{\text{eps}_1}{r_e} + \frac{\text{eps}_2 - \text{eps}_1}{r_e(r_e - g_p)}$$

Ohlson 对上述模型进行了修正,用 $\text{eps}_2 - \text{eps}_1 - r_e(\text{eps}_1 - \text{dps}_1)$ 代替 $\text{eps}_2 - \text{eps}_1$,得到更一般化的公式[①]:

$$P_0 = \frac{\text{eps}_1}{r_e} + \frac{\text{eps}_2 - \text{eps}_1 - r_e(\text{eps}_1 - \text{dps}_1)}{r_e(r_e - g_p)}$$

公式里的 eps_1 是明年的预期每股净收益,eps_2 是后年预期的每股净收益,dps_1 是明年的预期每股股息,g_p 是净利润两年后的终极增长率;P_0 是股票现在的价格。如果我们有以上这些数据的话,可以将公式中股东要求的回报率 r_e 反解出来,得到预期资金成本。

$$r_e = A + \sqrt{A^2 + \frac{\text{eps}_1(g_2 - (\gamma - 1))}{P_0}}$$

$$A = \frac{1}{2}\left[(\gamma - 1) + \frac{\text{dps}_1}{P_0}\right]$$

$$g_2 = \frac{\text{eps}_2 - \text{eps}_1}{\text{eps}_1}$$

---

① 公式的推导参见:James A. Ohlson and Beate E. Juettner-Nauroth, 2004, Expected EPS and EPS growth as determinants of value, *Review of Accounting Studies*, 10, 349—365。

其中 r_e 指预期股权资金成本;eps_1 指预期明年每股收益;eps_2 指预期后年每股收益;P_0 指当前股价。

$\gamma - 1$ 即 g_p,即长期增长率。Ohlson 等令 $\gamma - 1 = R_f - 3\%$,R_f 采用 10 年期债券收益率。因为考虑通货膨胀,所以减掉 3%。在实际计算之中,取 $\gamma - 1 = 5\%$。

dps_1 指的是预期下一年的股利。他们用的是 $dps_1 = eps_1 \times \delta$,$\delta$ 指的是过去 3 年平均股利支付率。

(二) 模型设定

计算出预期资金成本以后,我们需要研究境外上市对预期资金成本的影响。国外有许多学者研究了预期资金成本的影响因素,例如股票的波动率(SIGMA)、企业规模 Ln(M)、分析师的预测、权益账面值与市值之比(BM)以及 BETA(Botosan,1997;Gebhardet,2000;Gode,2003)。然而,对预期资金成本影响因素的研究并没有得到一致的结论。本书借鉴 Chun Chang(2005)和 Christin Leuz(2004)的模型,用以下线性回归来考察境外上市对预期资金成本的影响:

$$re = \beta_0 + \beta_1 CROSS + \beta_2 BETA + \beta_3 SIGMA + \beta_4 Ln(M)$$
$$+ \beta_5 NT + \beta_6 BM + \beta_7 DM + \varepsilon$$

或

$$re = \beta_0 + \beta_1 AB + \beta_2 AH + \beta_3 BETA + \beta_4 SIGMA + \beta_5 Ln(M)$$
$$+ \beta_6 NT + \beta_7 BM + \beta_8 DM + \varepsilon$$

1. CROSS:境外上市变量,定义同前,我们用 AH 代表境外上市的 AH 股,用 AB 代表跨交易所的 AB 股。根据前面的假设,我们预测 A 股公司的预期资金成本比 AB 股公司高,而 AB 股公司的预期资金成本比 AH 股公司高。

2. BETA:BETA 使用过去 24 个月的系统风险代替,即 2003 年 1 月 1 日到 2004 年 12 月 31 日,数据来源于万得咨讯(Windwise)。根据资本资产定价模型,预期资金成本应该与 BETA 正相关。

3. SIGMA:SIGMA 是收益标准差,描述股票收益率的波动性强弱。本书使用过去 24 个月的日收益率的标准差代替。根据早期的实证研究,我们预测预期资金成本与风险指标 SIGMA 正相关(Fama and French,

1992,1993)。

4. Ln(M):期末权益市值的自然对数。企业规模是影响资金成本的重要因素。信息披露文献表明,大规模的公司信息环境会更好,流动性更高,这将降低企业和投资者之间的信息不对称,降低资金成本。Dangode(2002)也发现了类似的证据,这里我们用期末权益的市值代替企业规模。

5. NT:非流通股比例。在中国,非流通股通常由大股东所有。在关于大股东控制的文献中,大股东有监督效应(Shleifer and Vishny,1986)以及剥削效应(La Porta 等,2002)两种,这两种效应对资金成本有重大影响而且其影响是相反的。

6. BM:权益账面值与市值之比,实证研究表明,BM 值是影响资金成本的重要因素(Fama and French,1992,1993)。BM 值越低表明企业的增长机会越低,风险越高。根据以往的研究,我们预期 BM 与资金成本正相关。

7. DM:财务杠杆,期末负债的账面值与权益的市值之比。根据 MM 理论,资金成本随着财务杠杆的增加而增加,Fama 和 French(1992)的研究也表明,财务杠杆与资金成本正相关。

表 3-11 列出了上述变量的定义。

表 3-11 预期资金成本主要变量定义

变量	变量含义	变量计量	预期符号
RE	预期资金成本	采用 Ohlson-Juettner 模型,用盈利预测和股价信息倒算的资金成本	
BETA	BETA 系数	使用过去 24 个月的系统风险代替	+
SIGMA	SIGMA 系数	使用过去 24 个月的日收益率的标准差	+
Ln(M)	企业规模	用期末权益市值的自然对数代替	−
NT	非流通股比例	非流通股比例	?
BM	权益账面值与市值之比	期末权益的账面值与市值之比	+
DM	财务杠杆	期末负债的账面值与权益的市值之比	+

(三)样本选择

本书的研究需要证券分析师的盈利预测数据,由于在 2003 年以前,证券分析师市场尚没有成熟,所以我们采用 2004 年证券分析师的盈利预测数据。目前今日投资公司的数据库收集了所有证券分析师对 A 股上市公司的盈利预测数据(包括分析师的人数和分析师的预测 EPS),为我们研究提供了良好的条件。2004 年财务数据以及上市公司基本资料均来自万得咨讯(Windwise)。境外上市和 AB 股的样本来自于"天软金融分析"数据库。数据选取标准如下:

1. 今日投资的盈利预测数据包括 2004 年每个月份证券分析师的预测信息,本研究采用今日投资 2004 年 12 月盈利预测信息。

2. 去掉金融类上市公司。

今日投资 2004 年 12 月的原始样本共 548 个样本,由于还有一些公司没有分析师跟踪,故不在我们研究范围之列。我们剔除了 8 家金融业上市公司,剔除了预期增长为负的 182 家上市公司,最终得到 358 个有效样本(见表 3-12)。其中,仅发行 A 股的上市公司 315 家,同时发行 A 股和 H 股的上市公司 12 家,同时发行 A 股和 B 股的 31 家。

表 3-12 预期资金成本的样本选择

	数量	比例
2004 年底 A 股上市公司	1 359	100%
减去:没有盈利预测数据的公司	-801	-59.68%
可供计算预期资金成本的公司	548	40.32%
减去:预期增长为负的公司	-182	-13.39%
金融类上市公司	-8	-0.59%
总共的可计算预期资金成本公司	358	26.34%

二、实证分析结果

(一)描述性统计

本书首先计算了预期资金成本,然后研究预期资金成本的影响因素以及境外上市对预期资金成本的影响。从表 3-13 可以看出,预期资金成本的均值为 12.44%,中位数是 11.77%,这与美国的股票长期资金成本接近。非流通股比例的均值为 58.6%,BETA 的均值为 1.0061。

表 3-13 资金成本的描述性统计

	有效样本数	均值	中位数	标准差	最小值	最大值
NT	358	58.67511	60.6	13.07112	0	90.1538
RE	358	0.124454	0.117772	0.050216	0.041457	0.347433
BM	358	0.724068	0.732956	0.166923	0.284652	1.335336
DM	358	1.188598	0.741977	2.426712	0.016827	27.14678
$Ln(M)$	358	21.30413	21.21851	0.867734	19.10072	24.52937
BETA	358	1.0061	1.02775	0.32794	0.167	2.339
SIGMA	358	8.752294	8.4176	2.184931	2.8132	18.8911

(二) 相关分析

在进行回归分析之前,本书先对主要变量进行了 Pearson 相关系数分析(见表 3-14)。单因素分析表明,变量之间没有严重的多重共线性问题,因为除 BETA 和 SIGMA 的相关系数为 0.609 外,其余变量之间的相关系数绝对值都在 0.4 以下。企业规模对预期资金成本有显著影响(Pearson 相关系数为 0.173,并且在 99% 的置信区间双尾显著)。此外,SIGMA、NT 和 DM 均是资金成本的重要影响因素,BETA 的影响则并不显著。

表 3-14 资金成本的 Pearson 相关系数

	RE	CROSS	NT	BM	DM	$Ln(M)$	BETA	SIGMA
RE	1.000	-0.056	-0.091*	0.044	0.109**	0.173***	-0.051	-0.112**
CROSS		1.000	-0.324***	0.133**	-0.051	0.312***	-0.020	-0.016
NT			1.000	0.049	0.028	0.002	0.006	0.028
BM				1.000	0.014	0.117**	0.130**	-0.161***
DM					1.000	0.220***	0.048	-0.001
$Ln(M)$						1.000	-0.092*	-0.154***
BETA							1.000	0.609***
SIGMA								1.000

注:*、** 和 *** 分别表示在 10%、5% 和 1% 的显著性水平上显著。

(三) 预期资金成本及其影响因素

预期资金成本的影响因素回归结果见表 3-15,与 Wang 和 Xu(2005)的结论一致,我们发现 BETA 并没有太强的解释力。而 BM、DM 和 SIGMA 从整体上也并不显著。对预期资金成本影响最大的是企业规模 $Ln(M)$,以及

表 3-15 预期资金成本的影响因素

	Model 1	Model 2	Model 3	Model 4	Model 5	Model 6	Model 7
Intercept	0.132	0.147	0.115	0.122	-0.089	0.145	-0.017
	(15.421)***	(13.457)***	(9.704)***	(41.384)***	(-1.383)	(11.899)***	(-0.245)
BETA	-0.008						0.002
	(-0.955)						(0.209)
SIGMA		-0.003					-0.002
		(-2.121)**					(-1.357)
NT						-0.001	-0.001
						(-1.729)*	(-1.764)*
BM			0.013				0.004
			(0.833)				(0.253)
DM				0.002			0.002
				(2.066)**			(1.484)
Ln(M)					0.010		0.008
					(3.318)***		(2.601)***
样本数	358	358	358	358	358	358	358
Adjusted R^2	1.0	1.0	1.0	0.9	2.7	0.6	3.6

注: *, ** 和 *** 分别表示在 10%, 5% 和 1% 的显著性水平上显著。

非流通股比例 NT。NT 的系数较小,这是因为其单位取的是百分比。总体而言,企业规模越大,资金成本越高,而非流通股的大股东则对企业价值有一定的正面影响作用。而且,在 2004 年,随着股权分置改革的推进,流通股股东还可能会预期非流通股股东对其进行补偿。这一部分的研究结论与 Chun Chang(2005)的结论基本一致。

(四)境外上市对预期资金成本的影响

在前文的基础上,本书对境外上市对预期资金成本的影响进行了实证检验,我们在前面的模型中加入了 AB 和 AH 这两个虚拟变量,实证结果见表 3-16,表中模型 1 是没有加入境外上市变量的回归结果,模型 2 是

表 3-16 境外上市对预期资金成本的影响

	模型 1	模型 2	模型 3
Intercept	-0.017	-0.083	-0.077
	(-0.245)	(-1.141)	(-1.064)
BETA	0.002	0.001	0.001
	(0.209)	(0.124)	(0.052)
SIGMA	-0.002	-0.002	-0.002
	(-1.357)	(-1.096)	(-1.107)
NT	0.001	-0.001	-0.001
	(-1.764)*	(-2.623)***	(-2.680)***
BM	0.004	0.012	0.011
	(0.253)	(0.729)	(0.669)
DM	0.002	0.001	0.001
	(1.484)	(1.107)	(1.127)
Ln(M)	0.008	0.012	0.011
	(2.601)***	(3.496)***	(3.451)***
AB		-0.022	
		(-2.147)**	
AH		-0.037	
		(-2.436)**	
CROSS			-0.026
			(-2.872)***
Observation	358	358	358
Adjusted R^2	3.6	5.5	5.5

注:*,**和***分别表示在 10%,5%和 1%的显著性水平上显著。

加入 AB 和 AH 变量后的结果,模型 3 是加入了跨交易所变量 CROSS 后的结果。实证研究表明跨交易所能够显著地降低资金成本,CROSS 的系数是 -0.026, t 值为 -2.872, 在 99% 的置信区间通过了显著性检验。更进一步地,在模型 2 中,AB 的系数为 -0.022, t 值为 -2.147, 在 99% 的置信区间通过了显著性检验,表明 AB 股的预期资金成本比 A 股低 2.2%;而 AH 股的系数为 -0.037, t 值为 -2.436, 也在 99% 的置信区间通过了显著性检验。研究表明 AB 股公司和 AH 股公司的预期资金成本比 A 股公司低,而 AH 股公司的预期资金成本比 AB 股公司更低。

三、研究结论

中国的股票市场始于 20 世纪 90 年代,一开始就受到政府干预和经济变革和不确定性的重大影响。股票被人为地分为流通股和非流通股,股价波动较大,因此很难用事后的资本资产定价模型计算资金成本。本书在国内首次采用 Ohlson-Juettner 模型计算了事前的资金成本,并研究了境外上市对预期资金成本的影响。研究发现,中国上市公司的资金成本均值为 12.44%,中位数是 11.77%,这与美国的股票长期资金成本接近。本书研究发现,AB 股和 AH 公司的预期资金成本比 A 股公司低,而 AH 股公司的预期资金成本比 AB 股公司更低,也证实了前面用 PB 和 PE 计算的"溢价"现象。

第四章　企业双重上市的溢价动因
——来自信息环境的经验证据

本书第三章从"溢价效应"和预期资金成本两个方面研究了企业境外上市与企业价值。相比 A 股上市公司，双重上市的 AH 股上市公司具有更高的估值。事实上，AH 股上市是租借了境外上市地良好的公司治理体系。在上市地严格的法律和市场监管下，AH 股公司的信息披露会更准确完整，并有更多的分析师关注。本章将进一步深入分析溢价的动因，即企业信息环境的改善。本章首先分析了境外上市对信息环境的影响，在理论分析的基础上，本章首先实证研究了境外上市对信息环境的作用，并进一步检验了信息环境的改善对企业价值的影响。

第一节　资本市场的信息披露与信息环境

资本市场发展的实践表明，市场透明度的提升和维护是减少信息不对称的最主要手段，透明度是资本市场赖以生存和发展的前提，也是资本市场功能得以发挥的必要条件。维护市场透明度是资本市场各类参与主体共同的任务，是动态化的市场完善过程。这一动态过程始于上市公司等信息发布主体的信息披露，历经中介机构的信息过滤和信息传输，经过市场交易者的信息整合，最终形成反映资本市场综合信息的资产价格。同时，监管机构制定的制度准则以及一系列法律法规贯穿于维护资本市场透明度的过程始终。

一、信息披露的意义

信息是资本市场的生命线，股价对信息的变化十分敏感。资本市场的有效性一般指市场价格的信息有效性，即价格揭示信息的程度，如果价格完全揭示所有可利用的信息，则市场价格是信息有效的。为保证所有投资者处在一个公平的市场环境中，客观上要求将所有信息准确及时地披露给投资者。同时，从本质上讲，证券是一种信息的载体，这种信息应在证券市场以合适的方式被及时、有效地传递，证券市场的信息失真或市场参与各方之间信息的不对称，使投资者不得不为之付出额外的成本，投资者对各种所谓"消息"的"博取"更会强化投机的倾向，加剧市场的波动。可以说，证券市场天然地具备了信息公开披露这一重要功能。

公开信息披露改变了公司信息的沟通模式，即由公司被动提供信息变为积极地向社会公开信息，显著地提高了公司信息的可获得性。对于公司信息使用者而言，如果没有披露机制，他们就需要私下搜集公司信息，这是一项成本高、难度大的任务。从这个角度看，公开披露信息既降低了他们获得信息的成本，又增加了便利性。随着计算机、互联网等技术的发展，专业性的金融媒体逐渐成为公司信息披露的主要载体，披露的形式也实现了由平面到立体再到网络的多样化,有效地保证了信息沟通的及时性和便捷性,有利于信息的集成和比较,同时显著地降低了信息使用者的信息搜集、加工成本。

公开信息披露还能对公司起到有效的监督作用。这种监督作用主要表现为对公司信息披露程序、形式、及时性和充分性的把关,这种把关可以是积极的,例如拒绝登载、传播不符合规定要求的公司信息,也可以是消极的,例如把不合规的情形公之于众。此外,金融媒体是典型的声誉性中介,它的专业化和独立性,使得它在对公司信息进行披露之余,自然会衍生出一些副产品,例如有关公司的消息、评论、谴责、深度调查报道等,这些都能发挥舆论监督的功效。由此可见,无论是从提高信息使用者价值的角度看,还是从节约社会交易成本的角度看,公司信息公开披露机制都有其存在的内在合理性。

二、有效信息披露的基本原则

第一,信息披露的充分性,充分考虑证券市场上投资者进行投资决策所应具备的信息,完整地公开所有法定项目的信息,不得有遗漏和短缺;第二,信息披露的真实性,意味着要如实、准确反映信息,不得有任何虚假记载或误导性陈述;第三,信息披露的及时性,一个完整的信息披露体系不仅要有完备的信息资料,还应该有快速的信息传递通道。只有发布人毫无拖延地依法披露有关信息,所有市场参与者又能及时地获得相关信息,才能够保证市场的公平有效。"以信息披露为基础"的监管制度正成为目前国外证券市场监管的主流,其中,市场监管机构的责任是确保有关披露文件已就有关发布人及其证券提供所有重要的信息,以便投资者自行判断证券是否值得投资。同时,该制度依赖投资者主动阅读和了解有关方面向他们披露的事项,然后再做出投资决定。这样就形成了法律约束与市场约束相结合的信息环境,从而使信息的产生、传递和验证有一定的制度保证,信息披露的充分性、真实性与及时性能建立在一定的经验与标准基础之上。

三、信息环境的构成

本书所指的信息环境,类似 Bushman 所说的"公司的透明度",广义地包括"公司报告、内部信息的获取及信息的传递"。具体地说,既包括信息披露的规则,亦包括信息的产生、传递、验证和使用的过程。

(一)信息披露制度。信息披露制度的目标是为了保证所有有关的信息都得到公平的披露,为此,信息披露的主体——发行人要严格履行信息披露的义务。一般地,公司信息披露包括强制性信息披露与自愿性信息披露,信息披露制度要对这两类行为进行规范。此外,信息披露制度还包括公平信息披露(Fair Disclosure)等。

(二)信息披露规则。公司信息披露机制的一项重要内容是披露规则。公司信息披露规则包括法定披露要求、监管部门制定的披露法规、证券交易所制定的具体规则等多个层次。不同层次的披露规则,其约束力和执行机制也各不相同。公司上市地点的选择很大程度上是信息披露规则的选择,世界范围内证券交易所的发展方向表明,交易所的竞争主要是上市规则和交易规则的竞争,公司上市地点的选择是其信息披露承诺的一个体现。信息披露制度是一个完整的系统,它不仅要求信息披露主体完成信息披露的义务,还要求信息披露参与各方严格依法进行,在信息披露过程中勤勉尽责。

(三)市场参与者。公司信息披露的效率客观上还要经受公司外部提供代理服务的机构和专业人员如注册会计师、财务分析师、投资银行家、监管者等的鉴证。相关研究表明,公司治理结构的效率客观上受公司治理生态的影响。公司治理生态其实是在公司治理结构的基础上,外加一系列具有独立性的、相关的社会中介组织而形成的一个纤巧的非线性动态系统。作为一个非线性的动态系统,公司治理生态既以公司治理结构为基础,又奠定在包括企业内部管理当局的会计人员、注册会计师、财务分析师、投资银行家、律师等专业人员组成的"知识共同体"的基础之上。注册会计师、财务分析师、投资银行家、监管者、律师等专业人员是证券市场上的一个坚实的"职业知识共同体",他们对于市场的观念以及对于市场好坏、优劣的标准应该是一致的,他们有一套共同的互相理解的术语、概念、逻辑思维、推理规则、知识结构和知识体系,共同守护着特定的基本信念和市场秩序。

信息披露的有效性亦有赖于市场参与者的行为。如果投资者的决策主要依赖于公开披露的信息,他们就会积极主动收集、识别上市公司的相关信息,并对市场信息积极反应。相应地,这也提高了对信息披露的要求,从而有利于提高信息披露的质量,完善信息披露体系。

成熟市场的经验表明,投资者保护的基本准则应扎根于进入市场时的信息披露及进入市场后的持续信息披露。同时要求金融服务的消费者真正利用所披露的信息作为市场活动的基石。因此,资本市场信息的形成、发布和获取等各个方面,它们各自运行的质量与彼此衔接、协调的质量共同影响着信息的质量,进而影响公司透明度。

第二节 境外上市后企业信息环境的变化

境外上市对公司的信息环境有重大的影响,这主要体现在以下几个方面:

一、信息披露制度的变化

公司境外上市必须遵守上市地的监管制度,符合上市地的监管标准,这意味着公司愿意按境外上市地监管部门和交易所的要求进行信息披露,并接受市场参与者的监督。研究表明,信息披露水平是市场成熟程度的标志。公司治理水平高的公司或致力于提高公司治理的公司,可以通过境外上市改变外部治理环境。监管环境的选择是公司信息披露承诺的一种机制,通过国际化,公司寻找上市标准高于本土市场的交易所上市,实质是致力于更高水平的信息披露,公司会从更高的披露水平中受益。

一般地,公司信息披露包括强制性信息披露与自愿性信息披露,信息披露制度要对这两类行为进行规范。强制性信息披露制度通过证券法规、监管部门的规章明确规定信息披露的时间、格式和内容,对信息披露行为予以规范。强制性披露的信息是上市公司所必须披露的信息。强制性信息披露制度通过建立证券信息的集中机制,有效地降低投资者的信息搜寻成本,一定程度上解决证券信息供给不足问题。强制性信息披露的有效性与一个国家(或地区)资本市场的发展和完善程度有关。深圳证券交易所等(2001)的一项研究指出:海外成熟市场信息披露制度完备,信息披露规则完善、可操作性强;重视公司动态信息的披露,强调对要约收购、委托投票、股权变动等公司动态信息的披露,鼓励预测性信息的披露;维持高标准的会计标准和严格的会计审计程序。以美国为例,美国证监会信息披露监管工作的重点是:将大量审查信息披露文件作为日常工作,从中主动发现信息披露违法,以高标准的会计准则保证信息披露的质量;推行"全面信息披露系统",促进证券信息的充分披露;强调披露内容的可读性,坚持信息披露为一般投资者服务;促进公司动态信息的披露。

  强制性信息披露不可能涵盖投资者进行投资决策所需的全部信息,面对瞬息变化的市场环境和多样性的投资者信息需求,自愿性信息披露能够有效地促进上市公司与投资者之间的信息沟通,使公司价值能够更公允地体现出来。自愿性披露的信息是上市公司经理人员受自身利益驱使而主动披露的信息。一方面,会计系统的功能是传达事实,当公司经理人员出于某种考虑,认为应该通过增加或减少会计信息的披露来提醒某些事实的重要性时,他们会相应选择"适意"的会计报告系统(如果这种选择不面临法律的强制约束)。所以自愿信息披露一定程度上是经理人员斟酌决策的结果,而与会计系统本身并没有直接的关系。自愿信息披露水平与质量是不同利益集团之间博弈的结果,是经理人员对其他利益集团,如监管者、投资者信息需求的反应。当公司选择上市标准严格的交易所上市或遵守国际会计准则进行信息披露时,实质上是一种信息披露质量的承诺。另一方面,我们知道,即使在历史长久、法制完善的成熟资本市场,自愿性信息披露仍然是"选择性披露",即经理人员有意识地选择特定时间披露某些信息。为了应付外部环境变化和不确定性,公司的自愿信息披露战略还常常受到环境因素,如外部审计质量、市场中介(会计师、律师、证券分析师)等行业行为规范、竞争者状况及是否受到多个规制体系的影响(在国内外同时上市的公司)。例如,聘用较高质量的会计师事务所进行审计将导致较高的自愿信息披露水平。证券市场的发达程度与市场监管力度对上市公司自愿披露质量有着显著影响。Ferguson(2002)对在香港联交所上市的中国 H 股公司的自愿信息披露行为进行了实证研究。结果显示,证券市场的发达程度和国际资本市场压力(增加透明度、提高诚信)对境外上市公司自愿信息披露行为有显著影响。与在香港交易所上市的其他上市公司(特别是红筹公司)相比,H 股公司自愿披露更多的战略和财务信息。但那些同时在国内市场上市 A 股的 H 股公司,在 A 股市场上并不比其他公司自愿披露更多的信息。他们对 H 股公司这种自愿信息披露行为提出了两方面的解释,一是受香港联交所严格的信息披露要求的影响;二是因为作为"窗口"公司,要努力树立中国公司在国际资本市场的"诚信"形象。

二、信息披露标准的变化

境外上市过程中面临的障碍和难以判断的标准是会计准则的国别差异。因此,会计标准成为衡量各国信息披露质量的重要指标,同时上市公司的会计质量已成为对机构投资者的投资决策影响最大的因素。由于公司注册所在地与发行上市地的会计与审计标准的差异,一般要求境外上市公司按上市地会计准则或国际会计准则披露财务信息,这无疑会提高境外上市公司财务信息披露的质量,提高公司的透明度。Sandagaran 和 Biddle(1995)认为,有广泛的会计披露标准的国家几乎可以说具备了境外上市"预注册"条件。陆正飞(2002)在分析同时发行 A 股与 H 股的上市公司的财务信息披露质量时发现,H 股股价与依国际会计准则披露的财务信息有一定的相关性,A 股股价与依国内会计准则披露的财务信息关联度不大。因此,要求 H 股上市公司依国际会计准则披露财务信息是合理的。Spanheimer 和 Koch(2000)在对 100 家最大的德国上市公司为什么自愿选择国际会计准则或美国会计准则来代替德国会计准则的动因进行研究后,得出结论:能够从全球市场筹集资金、财务报告内容的可比性、来自于投资者要求上市公司更加透明的压力,是样本公司自愿选择国际会计准则的基本动因。

会计信息的不可比必然使资本市场的交易成本上升,也使市场作用难以发挥。各国会计准则的趋同或采取国际会计准则不单能提高公司的透明度,亦有助于公司降低资本成本。境外上市无疑会加速发行人所在国规则融合的过程,及早体现规则融合的效益。多年来,国际社会在积极推动建立一套全球认可的会计准则,以利于资本市场的发展。自2001年以来,总部位于伦敦的国际会计准则委员会(IASB)一直致力于改善国际财务报告准则(IFRS)体系,2002年9月美国财务会计准则委员会(FASB)表示与IASB共同启动"趋同"计划,以缩短国际财务报告准则与美国公认会计准则之间的差异。这是美国会计准则制定者第一次考虑引入其他地方的会计准则修改本国的标准,而不是期望他人遵从美国的标准。许多国家的会计准则制定者已采纳IFRS体系,旨在最终令其国家会计准则的条文与国际财务报告准则合一。

三、市场参与者的素质或行为影响

从国际证券市场信息披露及监管发展的历史看,信息披露制度的有效性不仅取决于政府立法及交易规则,而且也取决于会计等中介机构的行业规则与执业水准。境外上市使公司处于一个全新的市场,市场参与者的变化亦会影响公司信息环境的变化。

首先是有声誉的中介机构。当公司走向资本市场进行股票发行和上市时,管理层会聘请投资银行、会计师和律师等中介机构担任重要的认证工作。这些中介机构具有经验、技巧、信息和激励去监控管理层,他们的声誉对发行过程十分重要。同时,这些中介机构的声誉实质是公司信息披露质量的一种承诺或反映。

其次是积极、活跃的投资者。投资者的行为对市场的影响表现在两个方面:(1)识别上市公司的相关信息,判断公司的投资价值,从而维持合理的价格体系;(2) 对市场信息积极反应,这是保证市场有效性和提高市场效率的重要保证。一般而言,投资者的风险辨别能力、投资组合能力依赖于市场的发展水平,境外成熟市场的投资主体多为机构投资者。作为专业投资者,他们有良好的投资经验和专业判断能力,有足够的人力、物力和财力收集和整理市场信息;同时,在长期的投资活动中,这些机构投资者形成了相对完整的分析和研究、评价公司价值的体系,他们愿意制造消息,并且能制造有效的信息,还能以有效的激励或约束促使公司管理者按其有效信息进行决策或行动。

  还有分析师的影响。分析师是市场信息的主要制造者,他们跟踪主要产业,并通过发布信息,缩减知情投资者与不知情投资者的差距。对于大多数使用者而言,公司信息披露所提供的只是原始资料,要把它们变成对决策有用的信息,还需要有一个分析、加工、转换、解释的过程。对公司信息的分析与解释,是需要花费成本的。这些成本用于披露信息的搜集,相关基准数据、行业数据、历史数据等信息的挖掘、技术处理,对专业性工作的报酬等。专业的分析和解释者存在的合理性除了其专业优势之外,更重要的在于由他们进行专业化的分析与解释工作的成本总和远远小于所有投资者私下进行分析和解释活动的成本总和。证券分析师是专门向个人投资者或机构投资者提供证券投资分析意见、预测意见,指导其进行投资的专业人士,是公司信息的主要分析与解释者。此外,由于证券分析师能够较为专业地理解财务报告、较为充分地挖掘相关信息,他们能够根据公司过往的经营业绩及行业未来发展趋势,对公司价值进行估值。在理性、成熟的市场上,金融服务的消费者真正利用所披露的信息作为市场活动的基石,因此,分析师的研究与专业判断影响着投资者的决策和公司的融资政策。他们能够为公司信息创造出"增量信息",对于优化公司信息使用者的决策、增进证券市场的有效运作发挥着一定的作用。

第三节　中国企业双重上市与信息环境的实证分析

一、理论分析与研究假设

公司境外上市的动机之一就是为了提高股票的信息环境。这一观点认为境外上市的公司要按照上市地的要求披露信息并接受上市地的法律监管,这将导致其信息环境发生重大的改善。而信息环境对于提高公司的价值来说是至关重要的。第一,由于投资者与上市公司之间存在严重的信息不对称,因此信息环境的改善将向市场传递有利的信号,这将大大提升企业价值;第二,信息环境的改善降低了信息的搜寻成本,有利于增加企业价值;第三,信息环境的改善还会增加潜在的投资者基础,投资者的增加将会降低资金成本,增加企业价值(Merton, 1987)。

尽管对境外上市与信息环境的理论分析很多,但是相关的实证研究较少。已有的研究都是集中在分析境外上市公司在进行双重财务报告时,调整项目是否具有"增量的价值相关性[①]"。信息环境方面研究的匮乏,其中一个重要的原因就是因为信息环境这个变量本身难以直接计量。Pagano, Roll 和 Zechner(2000)对在美国上市的欧洲公司的研究发现,美国交易所股票的流动性明显高于欧洲公司母国交易所的流动性。Bailey 和 Karolyi(2002)则比较了盈余公告后境外上市与非境外上市公司在股价波动性上的差异。

Baker 和 Nofsinger(2002)率先检验了企业境外上市对市场能见度(Visibility)的影响。他们采用的是分析师人数和媒体披露次数作为信息环境的替代变量。实证研究表明,在美国纽约证券交易所(NYSE)和伦敦证券交易所(LSE)上市的公司,其证券分析师的人数和媒体关注度(*Wall Street Journal* 和 *Journal of Financial Times*)明显高于非境外上市公司,而

[①] 增量价值相关性是指调整项目是否影响股票回报,这方面的研究大致得到一致的结论,即调整项目具有价值相关性。

信息环境的改善又进一步降低了资金成本。

Lang,Lins和Miller(2004)借鉴了Lang(1996)的方法,用分析师人数和分析师预测的准确度作为信息环境的替代变量,深入研究了境外上市对信息环境以及企业价值的影响。他们认为投资者的风险认识和评估能力决定公司价值,并以分析师的预测作为信息环境的变量,从跟踪的分析师数量和分析师预测的准确度进行分析。他们认为境外上市增加了市场信息获取量并使公司面临更为严格的法律监管,这样,信息的数量和质量大大增加,减少了分析师的跟踪成本,导致了更多分析师的关注,并提高了他们预测的准确度,这样有利于拓宽潜在的投资者基础,减少不确定性,从而降低资金成本。他们的实证研究发现,非美国股票一旦在美上市,不仅伴随着分析师的增加,而且分析师预测的准确度提高,从而对公司产生更高的估值。

事实上,境外上市是"租用"了上市地良好的信息披露规则。良好的信息披露导致证券分析师收集信息的成本降低,这会增加分析师人数。此外,境外上市还扩大了潜在的投资者的基础,由于分析师通常关注投资者多或感兴趣的公司,这也会增加分析师人数。最后,信息披露的改善还会导致分析师盈利预测准确度的提高,使企业的信息环境明显提高。因此,我们有以下假设:

假设1　上市公司的境外上市与信息环境呈显著的正相关关系。

信息环境又对企业价值有着重要的影响。如果信息环境得到了改善,公司内部人与外部投资者之间的信息不对称就会有所减弱,那么外部投资者就可以获得更多、更准确的信息,公司因此也可以获得较低成本的外部融资。用分析师的预测作为信息环境的变量,主要从跟踪的分析师数量和分析师预测的准确度进行分析。以前的研究认为:分析师愈多,预测越准确,意味着信息环境越好。境外上市增加了市场信息获取量,减少了跟踪公司的成本,减少了一级市场信息的不对称性。因此,信息环境的改变提升了公司价值。这样,我们有以下假设:

假设2　上市公司的信息环境与企业价值呈显著的正相关关系。

图4-1描绘了本章的研究框架。

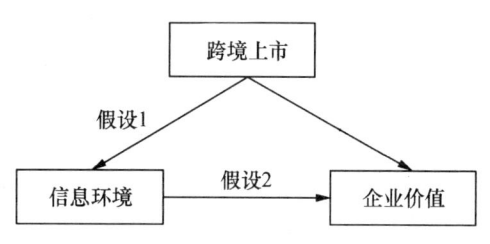

图 4-1　境外上市、信息环境与企业价值框架

二、研究设计与样本选择

（一）变量定义

1. 境外上市（CROSS）。企业境外上市为虚拟变量，具体定义为，如果企业同时在多个市场上市，则取 1，否则取 0。进一步，我们定义变量 AH 为，如果企业同时在内地和香港上市，则取 1，否则取 0。由于我们主要采用的是 A 股上市公司的数据，所以只比较了同时发行 A 股和 H 股的上市公司和只发行 A 股的上市公司的差异。至于只发行 H 股的上市公司，以及在美国上市的公司，则不在我们的研究范围之内。此外，AB 股的公司也是双重披露且主要由外资持股，因此我们还加入了 AB 股这个控制变量，定义与 AH 类似。

2. 信息环境。我们借鉴 Lang，Lins 和 Miller（2004）的研究，采用了两个变量作为信息环境的替代变量，即证券分析师人数（Analyst Coverage），证券分析师的准确度（Analyst Accuracy）。证券分析师的数据来源于今日投资的数据库。证券分析师的准确度即预测误差的大小，主要通过实际盈余值和预测值的比较得出。为加强公司间的可比性，我们对预测误差除以股价以进行标准化处理。

3. 公司规模（SIZE）。公司规模越大，分析师人数就会越多。因此我们加入公司年末总资产的自然对数值作为公司规模控制变量。

4. 盈利波动指标（VOLATILITY），用过去三年的每股收益的标准方差代替。

5. 超额盈余（SURPRISE），即本期每股收益和上期每股收益差异的绝对值，除以期末股价。

表 4-1 列出了研究的主要变量的定义。

表 4-1　境外上市与信息环境主要变量定义

变量	变量定义
CROSS(AH/AB)	企业境外上市虚拟变量,如果企业同时在多个市场上市,则取1,否则取0(如果企业同时在A股和H股/B股上市,则取1,否则取0)
SIZE	企业规模变量,用期末资产的自然对数代替
Analyst Coverage	分析师人数
Analyst Accuracy	分析师预测准确度,等于 $-\dfrac{|EPS_{预} - EPS|}{P}$,即实际的每股收益与预期收益的差异的绝对值,除以期末的股价
VOLATITY	盈利波动指标,用过去三年的每股收益的标准方差代替
SURPRISE	超额盈余,等于 $\dfrac{|EPS_t - EPS_{t-1}|}{P_t}$,即本期每股收益和上期每股收益差异的绝对值,除以期末股价

(二) 模型设定

1. 境外上市与信息环境。根据前面的分析,我们预测境外上市与信息环境之间有显著的正相关关系(假设1)。同时,我们还应当控制其他影响信息环境的因素。我们借鉴了 Lang, Lins 和 Miller(2004)的模型,修正后的模型如下:

$$\text{Information Variable} = \beta_0 + \beta_1 \text{CROSS} + \beta_2 \text{SIZE} + \beta_3 \text{VOLATILITY} + \beta_4 \text{SURPRISE} + \varepsilon$$

实际回归中,我们用 $\beta_{11}\text{AH} + \beta_{12}\text{AB}$ 替换上式中的 $\beta_1\text{CROSS}$。

VOLATITY 是指过去三年的每股收益的标准方差。SURPRISE 是指当期盈余和上期盈余的差,同时我们除以期末股价以进行标准化处理。

2. 境外上市,信息环境与价值创造。根据假设2,我们预测境外上市和信息环境对企业价值有显著的正相关关系。我们借鉴了 Lang, Lins 和 Miller(2004)的模型,修正后的模型如下:

$$\text{Performance} = \beta_0 + \beta_1 \text{CROSS} + \beta_2 \text{SIZE} + \beta_3 \text{SALES\_G} + \beta_4 \text{ROA}_{-1} + \beta_5 \text{Analyst Coverage} + \beta_6 \text{Analyst Accuracy} + \beta_7 \text{IND} + \varepsilon$$

其中，Performance 指 Tobin's Q。除了境外上市虚拟变量和信息环境变量外，我们还加入了销售增长率（SALES_G）、滞后一期的 ROA 和行业虚拟变量（IND）作为控制变量。

（三）样本选择

本书的研究需要市场信息环境的数据，由于在 2003 年以前，证券分析师市场尚未成熟，所以我们采用 2004 年证券分析师的盈利预测数据。目前今日投资公司数据库收集了所有证券分析师对 A 股上市公司的盈利预测数据（包括分析师的人数和分析师的预测 EPS），为我们研究提供了良好的条件。本书的 2004 年财务数据以及上市公司基本资料均来自万得咨讯（Windwise）。境外上市和 AB 股的样本数来自于"天软金融分析"数据库。数据选取标准如下：

（1）今日投资的盈利预测数据包括 2004 年每个月份证券分析师预测信息，本研究采用今日投资 2004 年 12 月盈利预测信息。

（2）去掉财务数据、股价数据不完全的上市公司。

（3）去掉金融类上市公司。

（4）去掉被 ST 的上市公司。

今日投资证券分析师数据库中已有的 2004 年 12 月原始样本共有 840 条，由于还有一些公司没有分析师跟踪，故不在我们的研究范围之列。我们剔除了 8 家财务数据、股价缺失的样本，剔除 10 家金融业上市公司，剔除 31 家被 ST 的上市公司，最终得到 840 - 8 - 10 - 31 = 791 个有效样本。其中，仅发行 A 股的上市公司 708 家，同时发行 A 股和 H 股的上市公司 28 家，同时发行 A 股和 B 股的 55 家（见表 4-2）。

表 4-2 境外上市与信息环境的样本选择

	数量	比例
2004 年盈利预测数据	840	100%
减去：股价、财务数据缺失的公司	-8	-0.95%
可供计算的上市公司	832	99.05%
减去：ST 的公司	-31	-3.69%
金融类上市公司	-10	-1.19%
最终的样本数	791	94.17%

三、实证结果及其分析

（一）描述性统计

本书最终得到 A 股上市公司有效样本 791 个。表 4-3 给出了信息环境主要变量的描述性统计结果。从表 4-3 我们发现同时在内地和香港上市的公司比只在内地上市的上市公司信息环境要明显好些。同时在内地、香港上市的上市公司证券分析师人数均值为 12.75 人，中位数为 13 人，而只在内地上市的上市公司证券分析师人数均值为 5.41，中位数为 3 人，两者有明显差异。AB 股属于双重披露，主要由外资持股，其分析师人数也高于纯 A 股公司。总体而言，AH 股公司的分析师人数最多，AB 股

表 4-3 境外上市与信息环境的描述性统计

		均值	中位数	标准差
Analyst Coverage	A	5.410	3.000	5.430
	AB	7.840	5.000	7.190
	AH	12.750	13.000	7.880
Analyst Accuracy	A	−0.011	−0.005	0.028
	AB	−0.032	−0.006	0.112
	AH	−0.013	−0.009	0.017
ROA_{-1}	A	0.040	0.035	0.041
	AB	0.030	0.038	0.079
	AH	0.060	0.048	0.053
SIZE	A	21.403	21.365	0.914
	AB	22.156	22.142	0.868
	AH	23.185	23.155	1.226
VOLATITY	A	0.113	0.071	0.158
	AB	0.185	0.101	0.245
	AH	0.135	0.074	0.196
SURPRISE	A	0.027	0.012	0.104
	AB	0.057	0.011	0.136
	AH	0.034	0.028	0.035

公司其次,纯 A 股公司最少,这与我们的理论分析基本一致。对于证券分析师的准确度,同时在内地、香港上市与内地上市的上市公司的差异并不明显。同时,我们发现,境外上市的公司其规模要明显大于只在内地上市的公司。境外上市的企业资产的自然对数均值为 23.185,而仅在内地上市的公司只有 21.403。

(二) 相关系数分析

表 4-4 是企业境外上市与信息环境及主要变量之间的 Pearson 相关系数和 Spearman 相关系数检验表。从表 4-4 看来,境外上市与分析师人数显著正相关(Pearson 相关系数为 0.227,并且在 99% 的置信区间内双尾显著),AB 股也与分析师人数显著正相关(Pearson 相关系数为 0.093,并且在 99% 的置信区间内双尾显著),但是 AB 股的系数小于 AH 股,这与我们的理论预期一致。分析师准确度与境外上市的系数为负,但是并不显著。对 Spearman 相关系数的分析得到相同的结论。

表 4-4 境外上市与信息环境的相关系数分析

	Analyst Coverage	Analyst Accuracy	AH	AB	Lnasset	VOLATITY	SURPRISE
Analyst Coverage		0.088	0.227	0.093	0.551	0.020	-0.045
		(0.013)	(0.000)	(0.009)	(0.000)	(0.579)	(0.203)
Analyst Accuracy	0.064		-0.001	-0.131	-0.029	-0.071	-0.429
	(0.074)		(0.986)	(0.000)	(0.421)	(0.045)	(0.000)
AH	0.181	-0.042		-0.052	0.321	0.018	0.009
	(0.000)	(0.233)		(0.141)	(0.000)	(0.610)	(0.801)
AB	0.070	-0.017	-0.052		0.175	0.108	0.072
	(0.048)	(0.639)	(0.141)		(0.000)	(0.002)	(0.043)
SIZE	0.484	-0.138	0.243	0.190		0.019	-0.003
	(0.000)	(0.000)	(0.000)	(0.000)		(0.592)	(0.943)
VOLATITY	0.141	-0.046	-0.003	0.065	0.041		0.527
	(0.000)	(0.200)	(0.935)	(0.066)	(0.245)		(0.000)
SURPRISE	0.096	-0.312	0.080	0.012	0.152	0.179	
	(0.007)	(0.000)	(0.025)	(0.730)	(0.000)	(0.000)	

注:上三角为 Pearson 相关系数检验,下三角为 Spearman 相关系数检验。括号内为 p 值。*、**、*** 分别表示显著性水平 $p<0.10$、$p<0.05$、$p<0.01$,双尾检验。

(三) 多元回归分析

为了验证境外上市是否改善了公司的信息环境,我们用信息环境的两个替代变量(分析师人数、分析师准确度)作为自变量,同时控制规模、盈利波动和超额盈余对信息环境的影响。

1. 境外上市与分析师人数

为了研究企业境外上市对分析师人数的影响,我们用分析师人数作为因变量。表4-5给出了境外上市对分析师人数的影响。回归分析表明,境外上市公司比非境外上市公司的分析师人数多1.762个,统计意义和经济意义上均显著。AB股公司的分析师人数也多于A股公司,回归系数为0.074,但是没有通过显著性检验。整体而言,模型的拟合程度较好,Adj R^2 为30.6%。其他控制变量与预期符号也一致。资产的自然对数与分析师人数显著正相关,这表明公司的规模越大,被越多的证券分析师追踪,与预期一致。同时,超额盈余也与分析师人数显著负相关,这表明盈余的稳定性越弱,分析师人数越少。

表4-5 境外上市与信息环境回归分析

	预期符号	Analyst Coverage	Analyst Accuracy
Intercept	?	-61.541	0.000
		(-15.278)***	(0.003)
AH	+	1.762	0.000
		(1.769)*	(-0.039)
AB	+	0.074	-0.018
		(0.106)	(-1.526)
SIZE	-	3.125	-0.001
		(16.630)***	(-0.415)
VOLATITY	-	1.530	0.053
		(1.257)	(6.109)***
SURPRISE	-	-3.778	-0.204
		(-1.944)*	(-14.666)***
N		791	791
Adj R^2		30.6%	22.6%

注:*、**、***分别表示在10%、5%和1%的水平上显著。

总体而言,表 4-5 表明了,跟踪境外上市公司的分析师人数显著高于纯 A 股公司。这一结论与境外上市公司信息披露的数量和质量较高,降低了分析师追踪企业成本的理论一致。而且,分析师人数的增加又会导致企业的投资者增加。

2. 境外上市与分析师准确度

表 4-5 也给出了境外上市与分析师准确度的回归分析结果。回归分析表明,境外上市与分析师的准确度之间回归结果并不显著。表明了境外上市目前也不能显著提高分析师的准确度。这与当前证券分析师市场尚未成熟有关,在当前的情况下,我国证券分析师人数较少,分析师的准确度也相对打了折扣。即使是境外上市的企业,其信息披露相对更多,但是并没有显著增加分析师的准确度。

模型的整体拟合程度较好,Adj R^2 为 22.6%。其他控制变量与预期符号也一致。资产的自然对数与分析师准确度负相关但不显著。同时,超额盈余也与分析师准确度显著负相关,这表明盈余的稳定性越弱,分析师结论越不准确。总体而言,表 4-5 表明了,境外上市并不能明显增加分析师盈利预测的准确度。

3. 联立方程模型与两阶段最小二乘法

以上的分析均是将分析师人数和分析师预测准确度单独作为因变量来进行分析。事实上,分析师人数和分析师预测的准确度是交互影响的 Berger(1999)。为了控制分析师人数和分析师预测准确度的交互影响,我们采用联立方程模型来计量境外上市对信息环境的影响。

$$\text{Analyst Coverage} = \beta_0 + \beta_1 \text{CROSS} + \beta_2 \text{SIZE} + \beta_3 \text{Analyst Accuracy}$$

$$\text{Analyst Accuracy} = \beta_0 + \beta_1 \text{CROSS} + \beta_2 \text{Analyst Coverage} + \beta_3 \text{VOLATITY} + \beta_4 \text{SURPRISE}$$

与前文一致,在实际回归中,我们用 $\beta_{11} \text{AH} + \beta_{12} \text{AB}$ 替代上两式中的 $\beta_1 \text{CROSS}$。

借鉴 Alford 和 Berger(1999)及 Lang(2003)的方法,我们用分析师人数作为境外上市和企业规模、分析师准确度的函数,把分析师准确度作为境外上市、分析师人数、盈余波动、超额盈余的函数。实证研究结果见表

4-6,我们采用两阶段最小二乘法进行回归分析,得到与上述相同的结论。即境外上市的公司在分析师人数上显著高于纯 A 股公司。而对分析师准确度的结果并没有实证的证据。

表 4-6 境外上市与信息环境的两阶段最小二乘法回归结果

自变量	预期符号	Analyst Coverage	Analyst Accuracy
Intercept		-61.468782	-0.010912
		(-15.360)***	(-3.906)***
Analyst Accuracy	+	17.892902	
		(1.906)*	
Analyst Coverage	+		-0.000179
			(-0.414)
AH	+	1.780101	0.001
		(1.798)*	(0.005)
AB	+	0.428941	-0.017673
		(0.598)	(-1.509)
SIZE	-	3.134292	
		(16.783)***	
VOLATITY	-		0.053571
			(6.104)***
SURPRISE	-		-0.204833
			(-14.539)***
N		791	791
Adj R^2		30.872%	22.513%

注:*、**、*** 分别表示显著性水平 $p<0.10$、$p<0.05$、$p<0.01$。

4. 内生性检验

前面的研究有一个潜在的问题就是内生性问题。例如,境外上市的公司信息环境较好,但是境外上市本身又受到其他与信息环境无关的因素的影响。这样,如果没有控制境外上市本身的选择问题,前面的回归分析就是有偏的。考虑以下模型:

$$Y = \beta X + \delta C + \varepsilon$$
$$C^* = \gamma w + \mu$$
$$C = 1, \quad \text{if} \quad C^* > 0$$
$$C = 0, \quad \text{if} \quad C^* \leq 0$$

这里,如果 C 取 1,则代表境外上市,然而境外上市本身又受到很多其他因素 w 的影响。为了控制内生性问题,通常采用 Heckman 检验(Greene,1990)。Heckman 检验的步骤主要借鉴 Doidge(2004)和 Qian(2006),与第三章步骤相同。

Heckman 检验分为两步,我们首先采用 Probit 回归影响境外上市的因素,这里主要有行业、规模(LnSales,企业销售收入的对数)以及地区的市场化程度指数(Market),用极大似然估计求出二元选择模型的系数 γ,

$$l(\gamma) = \log(\gamma) = \sum_{i=1}^{n}[c_i\log(1 - F(-\gamma w)) + (1 - c_i)\log F(-\gamma w)]$$

然后,利用 Probit 回归的系数得出新变量 Lamdda,$\text{Lamdda} = \dfrac{\varphi(\gamma w)}{\phi(\gamma w)}$,其中,$\varphi(\gamma w)$ 是标准正态密度函数,$\phi(\gamma w)$ 是标准正态分布函数。求出新的变量 Lamdda 后,将其增加到境外上市与信息环境的方程之中,就可以得到一致无偏的估计。

表 4-7 给出了控制内生性偏差后的检验结果。在境外上市选择因素的模型之中,解释变量均显著且与理论相符。境外上市的公司通常规模较大,而且所在地区的市场化程度较高。更为重要的是,控制了选择性偏差之后,回归结果与前面的结果基本相符。即境外上市的公司在分析师人数上显著高于纯 A 股公司。而对分析师准确度的结果并没有实证的证据。

表 4-7 境外上市与信息环境的内生性检验

	Probit 模型	Analyst Coverage	Analyst Accuracy
Intercept	-12.05555	-61.501	0.001
	(-8.956)***	(-15.269)***	(0.010)
LnSales	0.425998		
	(7.447)***		
AH		1.155	-0.003
		(1.815)*	(-0.393)
AB		0.133	-0.017
		(0.190)	(-1.459)
SIZE		3.109	-0.001
		(16.504)	(-0.469)

(续表)

	Probit 模型	Analyst Coverage	Analyst Accuracy
VOLATILITY		1.537	0.053
		(1.262)	(6.111)***
SURPRISE		-3.769	-0.204
		(-1.940)**	(-14.659)***
Market	0.166825		
	(3.802)***		
Lamda		0.130	0.001
		(1.106)	(0.743)
行业虚拟变量	Included		
样本数	791	791	791
Adjusted R^2	20%	30.6%	22.6%

注1:Probit 回归方程中括号为 Z 值,Analyst Coverage 和 Analyst Accuracy 的回归中括号为 t 值。*、**、*** 分别表示显著性水平 $p<0.10$、$p<0.05$、$p<0.01$。Probit 回归方程中的回归方程拟合优度为似然比检验 LR Statistics,类似于线性回归中的 R^2。

注2:内生性检验回归方程:

Probit 回归: $CROSS = \beta_0 + \beta_1 LnSales + \beta_2 Market + Industry\ Dummies + \varepsilon$

$InformationVariable = \beta_0 + \beta_1 CROSS(\beta_{11}AH + \beta_{12}AB) + \beta_2 SIZE + \beta_3 VOLATILITY + \beta_4 SURPRISE + \varepsilon$

5. 境外上市、信息环境与企业价值

上述境外上市与信息环境的实证分析表明了,境外上市主要是通过提高分析师人数而改善信息环境的。而信息环境的改善将减少公司内部人与外部投资者之间的信息不对称,降低股权资金成本,增加企业价值。

表4-8 的模型1回归分析表明,境外上市与企业价值之间呈显著正相关(系数为0.194,p-value = 0.001)。同时,回归方程中还有行业、规模、销售增长率等控制变量。考虑到信息环境各变量之间的交互潜在影响,我们在模型2、3中分别加入单个的信息环境变量,分别是分析师人数、分析师准确度。最后,我们在模型4中同时加入代表信息环境的两个变量。结果均表明,信息环境变量与企业价值呈显著正相关关系。分析师准确度与企业价值呈正相关关系,表明证券分析师预测越准确,企业价

值越高。这一结论与 Gebhardt(2001)的研究一致,Gebhardt(2001)的研究表明公司的盈利预测误差越小,股权资金成本就越低。表 4-8 的模型 2 显示分析师人数与企业价值正相关(系数为 0.018,p-value = 0.001)。这一证据表明,分析师人数越多,企业价值越高,因为分析师人数与投资者人数紧密联系,分析师人数的增加将会降低资金成本,从而提高企业价值。

表 4-8 境外上市、信息环境与企业价值的回归结果

自变量	预期符号	模型 1	模型 2	模型 3	模型 4
Intercept	?	3.422	4.593	3.421	4.585
		(19.613)***	(24.580)***	(19.642)***	(24.480)***
AH	+	0.194	0.181	0.195	0.182
		(4.762)***	(4.840)***	(4.781)***	(4.844)***
AB	+	0.184	0.184	0.191	0.186
		(6.494)***	(7.050)***	(6.693)***	(7.082)***
SIZE	−	−0.098	−0.153	−0.097	−0.153
		(−12.406)***	(−17.927)***	(−12.400)***	(−17.820)***
SALES_G	?	0.000	0.000	0.000	0.000
		(0.833)	(1.079)	(0.845)	(1.082)
ROA_{-1}	+	0.094	−0.065	0.080	−0.069
		(1.325)	(−0.976)	(1.111)	(−1.032)
Analyst Coverage	+		0.018		0.017
			(12.134)***		(11.968)***
Analyst Accuracy	+			0.346	0.119
				(1.932)*	(0.716)
IND		控制	控制	控制	控制
N		791	791	791	791
Adjusted R^2		25.4%	37.2%	25.6%	37.2%

注:*,** 和 *** 分别表示在 10%、5% 和 1% 的显著性水平上显著。

综合以上分析,我们发现信息环境变量和境外上市与企业价值有显著的正相关关系。同时,表 4-8 还发现,境外上市还通过影响信息环境间接增加企业价值。为了深入分析境外上市对企业价值的直接和间接影响,我们将在下面用路径分析的方法深入研究境外上市、信息环境以及其

他因素对企业价值的影响。

(四) 路径分析

本节将以路径分析方法分析境外上市、信息环境以及其他因素对企业价值的影响。多元回归只是基于一个方程建立模型,反映的是自变量与因变量之间的直接作用,而不能反映因素之间的间接关系。但是,变量之间的关系往往错综复杂,采用一个简单的多元回归方程无法反映这种错综复杂的关系,因此我们常常采用路径分析来分析变量之间的关系。

早在1920年,遗传学家Wright就提出了用路径分析方法研究变量的作用及其相互关系。

虽然路径分析在传统回归分析之外并未增加新的统计价值,但是它作为一种新的解释模式,通过一组回归方程解释各变量之间的直接和间接关系,具有十分重要的意义。

本书路径方法步骤如下:

首先我们以图4-1中所有有箭头流入的变量为因变量,以各因变量的直接前续变量为自变量进行一组独立的多变量回归,得到估计的标准回归系数。

接着,依据0.10的显著性上限原则,我们删去显著性水平高于0.10的所有路径,得到修正后的路径分析模型。

然后,我们计算出各对变量之间的直接相关、间接相关系数,最终得到路径分析系数表。

图4-2是我们根据境外上市、信息环境以及其他因素的直接或间接逻辑关系得到的路径分析结果。由于我们主要分析境外上市以及信息环境对企业价值的影响,所以我们没有将规模等控制变量加入图4-2。

图4-2是企业价值与境外上市、信息环境及主要变量之间的路径分析。从图4-2看来,境外上市与企业价值显著正相关,标准化后的直接相关系数为0.147。信息环境变量分析师人数、分析师准确度也与企业价值直接相关,标准化后的直接相关系数分别为0.447、0.021。同时,深入分析后我们发现,境外上市不仅对企业价值有直接的贡献,而且还通过增加分析师人数,间接增加企业的价值。

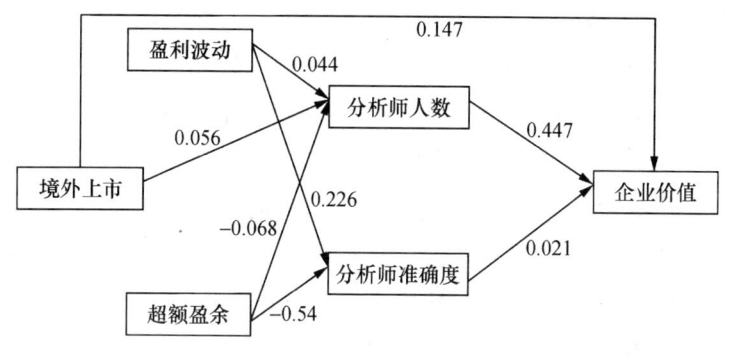

图 4-2 境外上市、信息环境的路径分析

四、研究结论与局限性

本节运用中国上市公司的数据,通过回归分析方法研究境外上市对信息环境的影响。研究表明,境外上市的公司分析师人数比纯 A 股公司多,即使控制了内生性问题以及采用两阶段回归之后,这种结论依然成立。对分析师预测准确度的研究发现,目前分析师预测的准确度较低,A 股的平均预测准确度为 -0.011,AB 股为 -0.032,AH 股为 -0.013,均低于国外的 -0.0052,这说明分析师市场尚未成熟。研究表明,境外上市和信息环境的改善能够增加企业的价值。路径分析进一步表明境外上市主要是通过提高分析师的人数而增加企业价值。

由于数据的限制,本书的研究只分析了 2004 年这一年的数据。由于中国证券分析师市场尚不成熟,已有的数据较少,但随着证券分析师市场的不断完善,境外上市影响信息环境以及分析师预测的研究将会得到进一步深入的研究。随着时间序列的增加,将来还可以深入分析上市前后的信息环境是否得到改善。

第四节 本章小结

第三章从"溢价效应"和预期资金成本两个方面研究了企业境外上

市与价值创造。本章则进一步分析了价值创造的源泉,即境外上市对信息环境的影响。本章首先介绍了信息披露和信息环境的作用,然后深入研究了企业境外上市对信息环境的影响,包括对信息披露制度、信息披露规则和市场参与者的影响。在理论分析的基础上,本书以 2004 年的 A 股市场公司为基准样本,用分析师人数和分析师预测准确度作为信息环境的替代变量,深入研究了 AH 股和 A 股在信息环境上的差异。实证研究表明,与 A 股上市公司相比,AH 股上市公司的分析师人数显著高于 A 股公司。在采用联立方程模型和内生性检验之后,这种结论依然成立。本章的研究对境外上市文献有以下贡献:首先,越来越多的中国企业选择到境外上市,可是境外上市通过何种路径增加企业价值一直缺乏实证证据。其次,本书在国内首次采用分析师的数据研究境外上市公司和 A 股公司在信息环境上的差异,这对中国证券市场的改革和市场环境的建设有重要的借鉴意义。

第五章 企业双重上市的溢价动因
——来自盈利质量的经验证据

本书第三章从"溢价效应"和预期资金成本两个方面研究了企业境外上市及其溢价。第四章从信息环境角度研究了溢价动因。双重上市公司比非双重上市公司有一个更高的估值,这不仅仅是因为双重上市公司的信息环境好,有较好的投资者,事实上盈利质量也对企业估值有着重要的影响,会计信息可以提供决策有用信息和促进资源有效配置的经济效果(Bushman and Smith,2000)。本章就是从盈利质量角度研究境外上市溢价的动因,本书以下从盈余管理、稳健性、价值相关性三方面分析了盈利质量,研究双重上市公司与纯 A 股上市公司之间的差异。

第一节 双重上市、盈利质量与企业价值

一、双重上市对盈利质量的影响

企业的外部环境对其行为具有重要的影响。最近的研究发现,制度环境而非会计准则是影响盈利质量特征的根本原因(Bushman,2004)。在当前中国的会计国际化背景下,中国会计准则的国际化程度不断加深,但是会计准则的实施环境变化不大。正如 Ball(2001)指出的那样,只改变会计准则的制度,而不改变其实施环境,对会计信息的作用非常有限。由于中国的公司都基本处于相同的外部环境下,这使得我们难以研究外部环境的作用。但是,近年来,企业境外上市越来越频繁,这使得我们可以比较境外上市公司与非境外上市公司会计信息质量的差异,以深入了解外部实施环境对盈利质量的影响,从而有利于会计准则的建设和资本市场的发展。

在企业境外上市的文献中,早期的研究基本都是从市场分割的角度研究境外上市现象的,但是随着法和金融学理论的发展,国外大量学者,如 Coffee(2002)等从公司治理、法律制度等因素研究了境外上市的"捆绑作用",而这将导致它们与非境外上市公司在盈利质量上的显著差异。境外上市的公司到更加严格的市场上市,其实质是致力于更好的公司治理和信息披露,而市场也会给其有一个"溢价"。Mark Lang(2003)的研究发现,到美国上市的境外上市公司,其会计信息质量比本土公司的会计信息质量要高,表现在收益平滑、盈余管理、稳健性和价值相关性等指标上。

同时发行内资股和外资股的上市公司,财务报告一般要分别依据中国内地会计准则和境外上市地会计准则或国际会计准则,在相同的经营活动基础上编制两套不同的报表,分别由境内和境外会计师事务所审计,提供给国内投资者和国外投资者。这样双重披露的公司与 A 股公司在

盈利质量上就有很大差异，以下本书具体从会计环境、法律保护、独立董事和双重审计三个方面进行分析：

（一）会计环境

Jaggi 和 Low（2000）在归纳以前会计学者的研究的基础上，建立了一个国际财务报告模型，他认为，各国的文化因素，如对不确定性的偏好、权距、个人主义和男性化倾向，会直接影响各国的会计信息披露准则和实务，同时文化因素还通过影响各国的法律制度体系间接影响到会计信息披露，因为法律制度体系（如普通法和成文法）对公司所有权结构、公司财务结构和资本市场的形成和发展有重要影响，而后者又是影响会计信息披露的重要因素。Wallance 和 Naser（1995）曾经详细阐述了深受英美法系和中国传统文化影响的香港与内地的联系，并且预测香港回归后的会计环境，认为虽然内地与香港语言、文化传统相通、但是这对会计盈余的影响远不及政治、经济、商业环境和资本市场对会计盈余的影响深远。

（二）法律保护

香港作为重要的自由港和世界金融中心，国际化程度很高，资本市场发达，法律完备，证券市场的监督已达到国际认可的水平。而内地市场在监管力度、法律完备程度以及中介机构等方面均逊于香港。同时发行 A 股和 H 股的公司，不仅要遵守内地证券市场的规范，还要遵守香港的上市规则，这些公司受到内地和香港的双重监督，所以我们预计其盈利质量也较高。

（三）独立董事和双重审计

在所有 A 股上市公司中，同时发行 A 股和 H 股的公司具有两个特殊的公司治理特征，即独立董事的存在与会计报表的双重审计。同时在境内外上市的公司需要分别向境内外投资者提供按照内地会计准则编制并经过境内会计师审计的会计报表与按照境外会计准则编制并经过境外审计师审计的会计报表。此外，香港联交所还强制要求上市公司在 1994 年底至少要有两名独立董事，要求一要监督公司对法律法规和董事会政策的遵循，二要确保公司管理层当局对外披露信息的准确性。而内地在

2001 年才要求上市公司在 2002 年 6 月 30 日前,董事会中至少包括两名独立董事,在 2003 年 6 月 30 日前,至少包括 1/3 的独立董事,其中至少包括一名会计专业人士。

二、盈利质量对企业价值的作用

会计信息披露能够为那些正在寻找投资机会或已经投资的投资者提供有用的信息,帮助他们把有限的投资投入到能够有效利用、并能为其带来较高收益的企业,使有限的社会资源流入到效益高的企业,从而达到社会资源的合理配置。会计信息至少可以通过三个渠道来实现提供决策有用信息和促进资源有效配置的经济效果(Bushman and Smith,2000)。

第一,企业及其竞争者披露的会计信息能够帮助公司管理者确认哪些投资机会具有价值,哪些投资机会缺乏或没有价值,此为会计信息的项目甄别作用(Project Identification)。在一个经济中,即使不存在管理者与投资者之间的代理问题,如果缺乏可靠的信息,人力和资金等资源也难以流向好的投资项目。所以,会计信息通过向管理者和投资者提供有用信息来帮助他们以较低的错误率甄别出投资项目的好坏,这将直接影响资源的合理配置(见图 5-1 中的箭头 1A)。此外,当投资者感到投资风险降低时,他们要求的投资回报率也随之降低,这会大大降低企业的资金成本,从而进一步提高经济效果(见图 5-1 中的箭头 1B)。

第二,会计信息通过影响公司治理来影响经济效果,此为会计信息的治理作用(Governance Role)。会计信息可以直接影响管理者的决策行为,也可以通过影响股票价格间接约束管理者的决策行为,使他们把所筹集的资源投入到较好的投资项目上,并且防止他们侵害投资者的利益。管理者对资产的有效使用,对投资者财富的保全,可以直接影响资源配置(见图 5-1 中的箭头 2A),同时,管理者机会主义行为的减少,使投资者资本侵蚀的风险减少,从而投资者所要求的补偿这部分损失的风险溢价大大降低,进而提高了经济效果(见图 5-1 中的箭头 2B)。

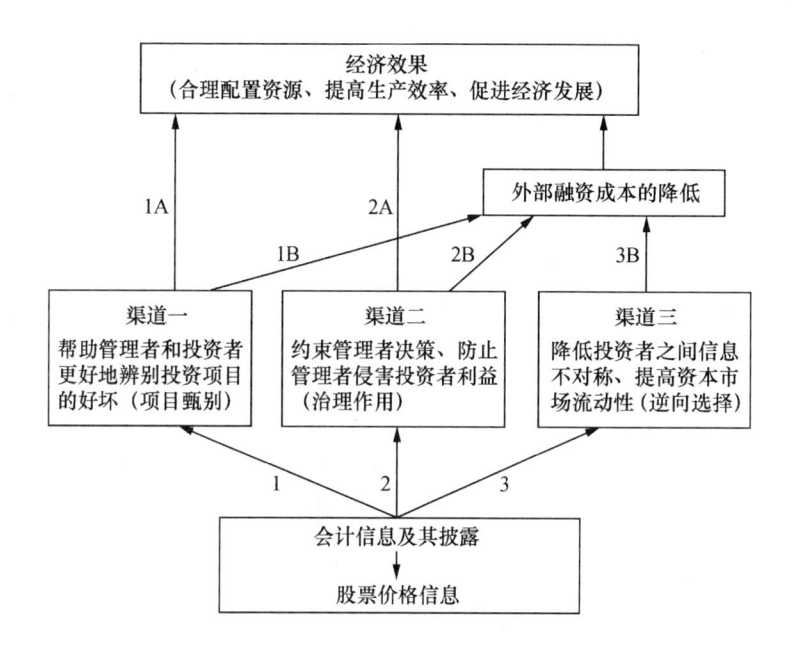

图 5-1　会计信息及其披露影响经济效果的三个途径

资料来源：Bushman, Robert and Abbie Smith, 2000, Financial accounting information and corporate governance, *Journal of Accounting and Economics*, 32, 237—333.

第三，会计信息可以通过降低投资者之间的信息不对称程度、减少证券市场的流动性风险来增强经济效果（见图 5-1 中的箭头 3）。在一个既有知情投资者又有不知情投资者的证券市场上，后者在与前者进行交易时遭受的风险非常大，如果企业能够事先承诺它会及时、公平地将高质量的会计信息披露给所有投资者，那么将会吸引更多的资金进入资本市场，降低投资者的流动性风险。成熟的、流动性强的资本市场有助于资本流入高风险、高收益、回收期较长的投资项目，尤其是那些可能带来技术创新的项目。因此，高质量的会计信息披露通过增强资本市场的流动性而推动经济的发展。

第二节 双重上市对盈余管理影响的实证分析

本节采用全面的盈余管理指标考察了境外上市对盈余管理的影响，主要采用 Jones 模型和修正的 Jones 模型，并用收益平滑和线下项目作为补充。在研究了境外上市对盈余管理的作用之后，本节又进一步研究了盈余管理的抑制对企业价值的影响。由于 AB 股公司和 AH 股公司需要进行双重披露中国会计准则盈余和国际会计准则盈余，我们认为：双重披露的 AB 股公司和 AH 股公司的会计盈余数字比只按照中国会计准则编制的 A 股公司会计盈余数字的盈余管理程度要低。

一、理论分析与研究假设

中国上市公司强烈的融资动机、行政管理式的融资资格审核政策、特殊的股权结构、不完善的监管手段等重要因素使得中国上市公司的盈余管理成为一个普遍的现象。然而，对于到香港上市的公司来说，香港市场国际化程度很高，资本市场发达，法律完备，投资者保护较好，证券市场的监督也已达到国际认可的水平。而内地市场在监管力度、法律完备程度以及中介机构等方面均逊于香港。同时发行 A 股和 H 股的公司，不仅要遵守内地证券市场的规范，还要遵守香港的上市规则，这些公司要披露两套报表，要接受双重审计，还要受到内地和香港的双重监督，所以我们预计其盈余管理要显著低于在内地上市的 A 股公司。AB 股公司的环境介于它们之间。

假设 1 双重上市的公司盈余管理比 A 股公司低，且 AH 股公司比 AB 股公司更低。

由于会计信息披露能够为那些正在寻找投资机会或已经投资的投资者提供有用的信息，具有项目甄别、治理作用以及降低信息不对称的作用，从而实现提供决策有用信息和促进资源有效配置的经济效果（Bushman and Smith, 2000）。因此，盈余管理的降低能够增加企业价值。

假设 2 盈余管理的降低能够增加企业价值,即盈余管理与企业价值负相关。

图 5-2 列示了我们的研究框架。

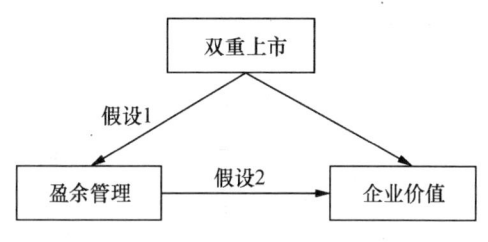

图 5-2 双重上市、盈余管理与企业价值框架

二、研究设计与样本选择

(一)盈余管理的度量

现有的盈余管理计量方法主要有三种类型,包括应计利润分离法、具体项目法和分布检测法。应计利润分离法是用回归模型将应计利润分离为正常性应计利润和非正常性应计利润,并用非正常性应计利润来衡量盈余管理的大小和程度。所谓应计利润,是指不直接形成当期现金流入或流出,但按照权责发生制和配比原则应计入当期损益的那些收入或费用(或者是净资产的增加或减少的部分),比如折旧费用、摊销费用、应收账款增加额等。根据应计利润的被操纵程度,可以将应计利润区分为正常性应计利润和非正常性应计利润。而应计利润法要解决的便是如何将应计利润分离为正常性应计利润和非正常性应计利润。具体项目法则是针对具体的应计利润项目进行研究,但是其往往局限于小样本或具体的部门,因此研究结果很难推广。分布检测法则是通过检查盈余在特定水平周围的不连续分布来计量盈余管理,但是它只能用于特定的盈余管理动机。夏立军(2003)在对中国上市公司的利润表和现金流量表进行解析的基础上,对多个盈余管理计量模型及其调整模型在中国证券市场的使用效果进行了比较。他的研究发现,在中国证券市场上,相对其他模型来说,分行业估计并且采用线下项目前总应计利润作为因变量估计行业

特征参数的截面 Jones 模型能够较好地揭示公司的盈余管理。因此本书主要采用应计利润分离法,并用其他盈余管理指标作为补充。

1. 基本的 Jones 模型

借鉴夏立军(2003)的方法,采用截面分行业、分年度的 Jones 模型。Jones(1991)在估计正常性应计利润时成功地控制了公司经济环境的变化对正常性应计利润的影响。这里,我们考虑其截面模型:

$$NA_i = \alpha_1(1/A_i) + \alpha_2(\Delta REV_i/A_i) + \alpha_3(PPE_i/A_i)$$

其中,NA_i 是经过上期期末总资产调整后的公司 i 的正常性应计利润,ΔREV_i 是公司 i 的当期主营业务收入和上期主营业务收入的差额,PPE_i 是公司 i 当期期末厂房、设备等固定资产的价值,A_i 是公司 i 上期期末总资产,$\alpha_1, \alpha_2, \alpha_3$ 是行业特征参数。这些行业参数的估计值是根据以下模型,并运用不同行业分组的数据进行回归取得的:

$$GA_i/A_i = \alpha_1(1/A_i) + \alpha_2(\Delta REV_i/A_i) + \alpha_3(PPE_i/A_i) + \varepsilon_i$$

其中,$\alpha_1, \alpha_2, \alpha_3$ 是上述方程的 OLS 估计值,GA 是总应计利润。ε_i 是剩余项,代表各公司总应计利润中的非正常应计利润。值得说明的是,对应计利润的计算有两种方法,一种是 GA = EBXT - CFO,即营业利润减去经营活动现金流量,另一种是 GA = NI - CFO,即将线下项目也包括在总应计利润中,此时总应计利润等于净利润减去经营活动现金流量。在中国的损益表和现金流量表的编制中,某些项目,如收到股利和利息、支付利息等包含在损益表中但并不包括在经营活动现金流之中,这使得净利润与经营活动现金流之间缺乏可比性。鉴于此,本书采用线下项目前利润来计算应计利润,即 GA(总应计利润)= 营业利润 - 经营活动现金流量。$DA_i = GA_i/A_i - NA_i$。这里的 DA 即 Jones 模型中的盈余管理指标。

2. 修正的 Jones 模型

当收入受到操纵时,基本 Jones 模型在估量非正常性应计利润时会出现误差。修正的 Jones 模型考虑了针对收入确认的盈余管理,模型如下:

$$NA_i = \alpha_1(1/A_i) + \alpha_2[(\Delta REV_i - \Delta REC_i)/A_i] + \alpha_3(PPE_i/A_i)$$

其中,ΔREC_i 是公司 i 当期期末应收账款和上期期末应收账款的差额,其他变量的含义和基本的 Jones 模型相同。需要注意的是,$\alpha_1, \alpha_2, \alpha_3$ 的估计值是从基本的 Jones 模型中得到的。修正的 Jones 模型相对基本的 Jones 模型,仅仅是模型中主营业务收入的变化量经过了当期应收账款变化量的调整。

3. 收益平滑指标

我们借鉴 Christin Leuz(2005)的方法计量收益平滑,并最终用其百分比等级(Percentage rank)的平均值作为收益平滑的替代变量,即对收益平滑指标进行排序,计算出其百分比排序数,再用百分比排序数的均值作为最终指标。这是因为收益平滑有多种计量模式,采用综合指标可以尽量避免单一指标的计量误差。Christin Leuz(2005)的研究表明,在跨国的比较中,特别是投资者保护较差的国家里,如亚洲等,收益平滑是一个普遍的现象。

我们的第一个收益平滑指标 EM1 用经营利润的标准差/经营活动现金流量的标准差度量,内部人员可能利用收益平滑降低经营利润的波动, EM1 越低表明经营利润的波动越小,收益平滑越厉害。我们的第二个收益平滑指标 EM2 用经营活动应计利润和经营活动现金流量的 Pearson 相关系数度量。这一指标借鉴了 Myer 和 Skinner(1999)和 Christin Leuz(2005)的方法。我们用营业利润减去经营活动现金流量度量经营活动应计利润。通常经营活动应计利润和经营活动现金流量的 Pearson 相关系数是负的,然而负得越厉害表示收益平滑操纵得越厉害,即相关系数越小,收益平滑越高。我们的第三个收益平滑指标 EM3 是用过去三年经营活动应计利润/经营活动现金流量的绝对值的中位数代替,这个指标越小,表明收益平滑操纵得越厉害。

由于计算标准差需要三年的数据,因此收益平滑指标的期间是从 2000—2004 年,例如 2000 年的收益平滑指标就利用了 1998—2000 年的数据。EM 综合是 EM1、EM2 和 EM3 的百分比排序的平均数。同样,这个指标越小,表明收益平滑操纵得越厉害。

4. 线下项目

一般而言,假设现金流量表中经营活动现金流量不被操纵是合理的,因此盈余管理的对象就变为各种应计利润项目。针对美国股票市场的盈余管理研究主要采用线下项目前利润(EBXI)和经营活动现金流量(CFO)的差额来反映这些可以被操纵的应计利润项目的总额,这与美国股票市场的监管比较完善有关,因为完善的监管使得上市公司操纵线下项目相对较难。但是,中国股票市场上操纵线下项目时有发生(原红旗,1998)。因此,我们还使用线下项目作为补充,以全面考核盈余管理的程度。线下项目的计算公式为 $EM4_i = BL_i/A_i$,$BL_i = GI_i - EBXI_i$,GI_i 为当期利润总额,$EBXI_i$ 为公司当期经营利润。

(二)模型设定与变量定义

1. 双重上市与盈余管理

借鉴 Christin Leuz(2005)的模型,我们构建以下模型考察双重披露及其对盈余管理的影响:

$$EM = \beta_0 + \beta_1 CROSS + \beta_2 ownership + \beta_3 SIZE + \beta_4 Asset\_turnover + \beta_5 Leverage + \beta_6 SALES\_G + \beta_7 Loss + \beta_8 Age + \varepsilon$$

(1)因变量 EM。本书采用全面的盈余管理指标来衡量上市公司盈余管理的程度。盈余管理指标主要采用 Jones 模型和修正的 Jones 模型计算的非正常性应计利润。此外,还采用线下项目和收益平滑指标作为补充。

(2)双重上市变量 CROSS。我们定义企业双重上市虚拟变量 CROSS 如下:如果企业同时在多个市场上市,则取 1,否则取 0。进一步,我们定义虚拟变量 AH 如下:如果企业同时在内地和香港上市,则取 1,否则取 0。由于我们研究的是 A 股市场,所以只比较了同时发行 AH 股的上市公司和只发行 A 股的上市公司的差异。此外,为了控制 B 股市场的影响,我们加入了 AB 这个虚拟变量,其定义与 AH 类似。

(3)股权结构 ownership 的度量。股权结构对盈余管理有着重要的影响。股权结构越分散,公司股东更加依赖公司的财务报告,股东的监督作用就越强,这样盈余管理程度就越低。相反,股权结构越集中,股东越是能够通过私有渠道来解决信息不对称现象,这样对财务报告的依赖和监督就减弱了(Christin Leuz,2005)。因此,在分散的股权结构下,股东就越有激励来监督财务信息,导致盈余管理程度较低。Christin Leuz(2003)

的研究证明了股权集中度与盈余管理程度正相关。但是,以上的分析是基于法律保护较好的西方国家。在中国,法律制度还不健全,大股东在改善公司治理、监督经理人方面发挥着积极的作用。La Porta 等分析了27个国家600多家上市公司的所有权结构,结果发现,在法律对投资者保护不足的条件下,股权集中能够抑制控股股东的代理行为,从而在客观上起到改善公司治理的作用。因此,我们预期股权集中度与盈余管理程度负相关。我们用第一大股东持股比例来代替股权结构。

(4)上市年限 Age。Age 为控制变量,代表公司上市时间的长短,其取值采用公司的上市年限。Aharony,Lee 和 Wong(2000)以及林舒、魏明海(2000)的研究表明,中国上市公司在 IPO 过程中存在显著的盈余管理行为。因此我们预期,上市之前的过度财务包装会导致上市之后应计利润的回转,从而上市时间越长的公司可能具有越少的应计利润,因此,我们在检验模型中再加上代表公司上市时间的变量 Age。

(5)财务困境 Loss。Loss 为控制变量,当样本公司当期出现亏损时 Loss 取1,当期盈利时 Loss 取0。已有的盈余管理研究发现,公司的应计利润和公司的业绩具有显著的正相关关系(Dechow,Sloan 和 Sweeney 1995),并且亏损公司具有利润冲洗(Big Bath)的盈余管理动机。因此,我们在检验模型中加入代表公司亏损的变量 Loss,以进一步分析公司业绩和利润冲洗的盈余管理动机对应计利润的影响。

6. 其他控制变量。企业规模 SIZE,我们用公司年末总资产的自然对数值作为公司规模控制变量;财务杠杆 Leverage 控制变量我们用公司期末资产负债率代替;资产周转率 Asset_turnover 我们用公司期末销售收入除以期末总资产代替;销售增长率 SALES_G 用($sales_t - sales_{t-1}$)/$sales_{t-1}$代替。此外,由于我们的盈余管理指标本身就是分年份、分行业计算的,因此我们在回归方程之中没有加入行业和年份虚拟变量。

2. 境外上市、盈余管理与企业价值

根据假设2,我们预测境外上市和信息环境对企业价值有显著的正相关关系。我们借鉴了 Lang,Lins 和 Miller(2004)的模型,修正后的模型如下:

$$Performance = \beta_0 + \beta_1 CROSS + \beta_2 SIZE + \beta_3 SALES\_G + \beta_4 ROA_{t-1}$$
$$+ \beta_5 DAJONES + \beta_6 CROSS + \beta_7 Damodified$$
$$\times CROSS + \beta_8 IndustryControls + \varepsilon$$

在实际回归中,我们用 AH 和 AB 取代 CROSS。

Performance 指 Tobin's Q。除了境外上市虚拟变量 Cross 和盈余管理变量 DA 及其交叉项外,我们还加入了销售增长率(SALES_G)、滞后一期的 ROA 和行业虚拟变量(IND)作为控制变量。

表 5-1 盈余管理主要变量定义

主要变量	变量含义
EM1	收益平滑指标,用经营利润的标准差/经营活动现金流量的标准差代替
EM2	收益平滑指标,用经营活动应计利润/经营活动现金流量的 Pearson 相关系数代替
EM3	收益平滑指标,用过去三年经营活动应计利润/经营活动现金流量的绝对值的中值代替
EM4	盈余管理指标,线下项目/期初总资产
ownership	股权结构,第一大股东持股比例代替
DAJONES	截面 JONES 模型计算的非正常性应计利润
Damodified	截面修正的 JONES 模型计算的非正常性应计利润
Age	企业上市年限
Loss	企业每股收益 EPS 小于零时为 1,否则为零
Tobin's Q	资产的市场价值除以账面价值,为(负债账面价值 + 每股净资产 × 非流通股股数 + 每股市价 × 流通股股数)/(负债账面价值 + 权益账面价值)

(三)样本选择与数据来源

本部分的研究主要需要公司的财务数据和股价的数据。我们的样本时间段是 1998—2004 年。这是因为中国上市公司从 1998 年开始才要求编制现金流量表,这使我们不能计算 1998 年以前的盈余管理指标。财务数据以及上市公司基本资料均来自万得咨讯(Windwise)。企业境外上市的列表来自"天软金融分析"。上市公司的行业划分依据中国证监会

2001年最新颁布的《上市公司行业分类指引》，该指引以上市公司最近年度经审计后的营业收入为分类标准，具有较好的科学性和权威性，并与我们的研究对象相符。

在计算应计利润时，使用分行业数据估计行业特征参数比采用样本总体参数更为准确。因此，我们将分年度、分行业计算应计利润。由于金融保险行业的公司其应计利润和其他公司相比有特殊性，因此我们首先剔除了金融行业公司10家。我们将所有上市公司按照中国证监会公布的分类结果分为21类，其中制造业由于公司数量特别多，取两位代码分类，其他行业取一位代码分类。样本的行业分类结果如表5-2所示。

表5-2 盈余管理样本选择及其行业分布

2004年12月31日上市公司数			1 349
减：金融类公司数			10
2004年12月31日样本数			1 339
其中：	A	农、林、牧、渔业	36
	B	采掘业	19
	C0	食品、饮料	58
	C1	纺织、服装、皮毛	62
	C3	造纸、印刷	27
	C4	石油、化学、塑胶、塑料	146
	C5	电子	47
	C6	金属、非金属	123
	C7	机械、设备、仪表	211
	C8	医药、生物制品	90
	C9	其他制造业	22
	D	电力、煤气、水	61
	E	建筑业	26
	F	交通运输、仓储业	58
	G	信息技术业	83
	H	批发和零售贸易	90
	J	房地产业	56
	K	社会服务业	39
	L	传播与文化产业	10
	M	综合类	75

三、实证结果及其分析

(一) 描述性统计

表 5-3 是主要变量的描述性统计结果,从表 5-3 中我们发现同时在内地和香港上市的公司盈余管理程度显著低于只在内地上市的上市公司。同时在内地、香港上市的上市公司 DAJONES 均值为 -0.032,而只在内地上市的上市公司 DAJONES 均值为 0.001,两者有明显差异。同时,我们发现 AB 股和 AH 股的差异不大,盈余管理程度均显著低于 A 股公司,对 Damodified 的分析也得到相同的结论。EM4 是线下项目,此时 A 股公司的均值为 0.007,AB 股公司为 0.007,AH 股公司为 0.004,表明 AH 股公司的线下项目操纵更加困难。同时,我们发现,境外上市的公司其股权集中度与 A 股公司差别不大,第一大股东持股比例均在 40% 左右。这有利于我们进一步分析持股比例对盈余管理的影响。

表 5-3　盈余管理主要变量描述性统计

		均值	标准差	最小值	最大值
DAJONES	A	0.001	0.112	-1.604	1.337
	AB	-0.033	0.096	-0.789	0.311
	AH	-0.032	0.083	-0.577	0.148
Damodified	A	0.001	0.113	-1.606	1.470
	AB	-0.032	0.096	-0.779	0.312
	AH	-0.031	0.084	-0.576	0.137
EM4	A	0.007	0.047	-1.882	0.616
	AB	0.007	0.047	-0.732	0.294
	AH	0.004	0.022	-0.066	0.129
ownership	A	44.274	17.355	5.020	88.580
	AB	40.063	16.325	6.420	73.530
	AH	49.501	10.602	20.640	67.920
TA/A	A	-0.002	0.127	-1.659	1.959
	AB	-0.038	0.097	-0.798	0.291
	AH	-0.048	0.087	-0.590	0.182

（二）相关分析

表5-4是Pearson相关系数检验表。从表5-4看来，境外上市与DAJONES显著负相关（Pearson相关系数为-0.087，并且在99%的置信区间内双尾显著）。这表明境外上市的公司盈余管理水平较低。第一大股东持股比例与JONES模型下的盈余管理正相关，这与理论预期不相符。上市年限与盈余管理显著负相关（Pearson相关系数为-0.154，并且在99%的置信区间内双尾显著），这表明上市年限越长，盈余管理水平越低，这与前面的理论分析一致。此外，财务困境Loss与盈余管理显著负相关（Pearson相关系数为-0.255，并且在99%的置信区间内双尾显著），这表明亏损公司具有利润冲洗（Big Bath）的盈余管理行为，故盈余管理水平低，这与前面的理论分析一致。

表5-4 盈余管理主要变量相关系数分析

	DAJONES	ownership	SIZE	Leverage	Asset_turnover	SALES_G	Loss	Age	CROSS
DAJONES	1								
ownership	0.027 (0.020)	1							
SIZE	0.037 (0.001)	0.195 (0.000)	1						
Leverage	-0.195 (0.000)	-0.102 (0.000)	-0.043 (0.000)	1					
Asset_turnover	-0.028 (0.015)	0.096 (0.000)	0.136 (0.000)	0.035 (0.003)	1				
SALES_G	0.013 (0.253)	-0.041 (0.000)	-0.021 (0.067)	0.017 (0.145)	0.017 (0.136)	1			
Loss	-0.255 (0.000)	-0.110 (0.000)	-0.156 (0.000)	0.258 (0.000)	-0.135 (0.000)	-0.027 (0.020)	1		
Age	-0.154 (0.000)	-0.237 (0.000)	0.107 (0.000)	0.223 (0.000)	0.052 (0.000)	0.042 (0.000)	0.148 (0.000)	1	
CROSS	-0.087 (0.000)	-0.038 (0.001)	0.266 (0.000)	0.057 (0.000)	0.018 (0.129)	-0.012 (0.306)	0.044 (0.000)	0.245 (0.000)	1

注：$N=7458$，双尾检验，表中为Pearson相关系数，括号内为p值。

（三）境外上市对盈余管理的影响

为了验证境外上市是否降低了盈余管理，我们首先采用Jones模型和修正Jones模型下的非正常性应计利润作为盈余管理的替代变量，研究境外上市对盈余管理的影响,同时控制股权结构、规模、财务杠杆、上市年限等因素。

表 5-5 给出了境外上市对盈余管理的影响。回归分析表明,境外上市公司比非境外上市公司的盈余管理水平要低得多,统计意义和经济意义上均显著。AB 股公司的盈余管理也低于 A 股公司,Jones 模型的模型 4 中,AB 股的系数为 -0.02,AH 股则为 -0.035,两系数均在 99% 的置信区间内双尾显著。这表明,AB 股公司的盈余管理水平低于 A 股公司,而 AH 股公司则又低于 AB 股公司。这一结论能够解释前面的境外上市溢价理论。由于 AB 股公司主要由境外投资者持有,B 股市场的上市要求和信息披露也比 A 股严格,B 股上市公司需要按照国际会计准则披露会计报表,而且要由国际四大会计师事务所审计。相比之下,H 股在香港上市,除了双重披露外,还要受到香港法律的监管。因此,在信息披露和法律监管的影响下,AH 股公司的盈余管理水平低于 AB 股公司,后者的盈余管理水平又低于 A 股公司。修正 Jones 模型的结果基本与 Jones 模型的结果一致,这进一步验证了结论的可靠性。整体而言,模型的拟合程度较好,Adj. R^2 均在 10% 左右。

其他控制变量与预期符号也一致。第一大股东持股比例与盈余管理负相关,且系数全部在 99% 的置信区间内双尾显著,其系数较小是因为持股比例是采用百位数。这表明在投资者保护较差的情况下,股权集中能够抑制控股股东的代理行为,从而在客观上起到改善公司治理的作用。上市年限与盈余管理显著负相关(系数为 -0.004,并且在 99% 的置信区间内双尾显著),这表明上市年限越长,盈余管理水平越低,这与前面的理论分析一致。此外,财务困境 Loss 与盈余管理显著负相关(系数为 -0.075,并且在 99% 的置信区间内双尾显著),这表明亏损公司具有利润冲洗的盈余管理行为。债务比例对盈余管理有明显的抑制作用,系数均为 -0.034,且在 99% 的置信区间内双尾显著。其他控制变量作用并不明显。

(四) 面板数据的回归结果

面板数据是指对不同时刻的截面个体作连续观测所得到的多维时间

序列数据。面板数据模型利用面板数据分析变量间相互关系并预测其变化趋势,能够同时反映研究对象在时间和截面单元两个方向上的变化规律及不同时间、不同单元的特性,使研究更加深入,同时可以减少多重共线性带来的影响。

综合上述原因,本书采用面板数据随机效应模型来估计境外上市对盈余管理的影响,回归结果见表5-6。在控制了样本特征股权结构、规模、财务杠杆等后,随机效应模型的结果与混合数据的结果基本相同。回归结果总体而言,AB股公司的盈余管理水平低于A股公司,而AH股公司则又低于AB股公司。

之所以采用面板数据随机效应模型,这是因为如果研究者仅以样本自身效应为条件进行推论,宜使用固定效应模型,而如果欲以样本对总体效应进行推论,则应采用随机效应模型。例如,一项针对一些个体的试验,最终也只关心这些个体的情况,可以使用固定效应模型。但是,若把这些个体当作一个总体的随机抽样,关心的是总体情况,应该选择随机效应模型。

(五)境外上市与收益平滑

表5-7给出了境外上市对收益平滑的影响。Christin Leuz(2005)的研究表明,在跨国的比较中,特别是投资者保护较差的国家里,如亚洲等,收益平滑是一个普遍的现象。这样,我们用收益平滑指标作为Jones模型的必要补充。第一个模型是境外上市对EM1的影响,这里EM1是用经营利润的标准差/经营活动现金流量的标准差度量。研究结果表明,境外上市与EM1正相关,AB股的系数为1.209,AH股的系数为0.944,且都通过了显著性检验。这说明,境外上市的公司EM1较高,而较高的EM1意味着较小的收益平滑,实证结果证实了境外上市的公司收益平滑较少,只是AB股较之AH股收益平滑更加低。但是总体而言,结果与Christin Leuz(2005),Lang等(2003)的结论一致。收益平滑指标EM2用经营活动应计利润和经营活动现金流量的Pearson相关系数度量,研究结论也与EM1基本一致,但是AH股收益平滑更加低。只有EM3没有通过显著性检验。

表 5-5 境外上市与盈余管理回归分析（混合数据）

	Jones 模型				修正 Jones 模型			
	Model 1	Model 2	Model 3	Model 4	Model 5	Model 6	Model 7	Model 8
Intercept	0.007	0.004	−0.041	−0.045	0.007	0.002	−0.041	−0.047
	(0.261)	(0.133)	(−1.348)	(−1.493)	(0.240)	(0.079)	(−1.353)	(−1.532)
SIZE	0.002	0.002	0.004***	0.005***	0.002	0.003*	0.004***	0.005***
	(1.277)	(1.671)*	(2.826)***	(3.221)***	(1.354)	(1.794)*	(2.885)***	(3.325)***
Leverage	−0.034	−0.034	−0.034	−0.034	−0.034	−0.034	−0.034	−0.034
	(−9.901)***	(−9.545)***	(−9.854)***	(−9.497)***	(−9.817)***	(−9.472)***	(−9.772)***	(−9.426)***
Asset_turnover	−0.013	−0.012	−0.013	−0.012	−0.012	−0.011	−0.013	−0.012
	(−4.565)***	(−4.165)***	(−4.703)***	(−4.287)***	(−4.323)***	(−3.926)***	(−4.458)***	(−4.047)***
SALES_G	0.000	0.000	0.000	0.000	0.000	0.000	0.000	0.000
	(1.324)	(1.321)	(1.274)	(1.263)	(1.434)	(1.430)	(1.386)	(1.374)
Loss	−0.075	−0.075	−0.074	−0.074	−0.076	−0.076	−0.075	−0.075
	(−18.220)***	(−18.055)***	(−17.89)***	(−17.743)***	(−18.252)***	(−18.08)***	(−17.92)***	(−17.77)***
Age	−0.004	−0.004	−0.003	−0.004	−0.004	−0.004	−0.004	−0.004
	(−8.374)***	(−8.777)***	(−7.475)***	(−7.937)***	(−8.905)***	(−9.328)***	(−8.023)***	(−8.505)***
ownership		−0.001		−0.001		−0.000		−0.000
		(−2.678)***		(−2.883)***		(−2.788)***		(−2.988)***
AB			−0.019	−0.020			−0.019	−0.020
			(−4.078)***	(−4.178)***			(−3.942)***	(−4.045)***
AH			−0.035	−0.035			−0.035	−0.036
			(−3.966)***	(−3.993)***			(−3.98)***	(−4.014)***
样本数	7 445	7 335	7 445	7 335	7 445	7 335	7 445	7 335
Adjusted R^2 (%)	9.3%	9.2%	9.7%	9.5%	9.5%	9.3%	9.8%	9.7%

注：*、**和***分别表示在10%、5%和1%的显著性水平上显著。

表 5-6 境外上市与盈余管理回归分析（面板数据）

	Jones 模型				修正 Jones 模型			
	Model 1	Model 2	Model 3	Model 4	Model 5	Model 6	Model 7	Model 8
Intercept	-0.086	-0.091	-0.123	-0.127	-0.089	-0.094	-0.126	-0.130
	(-2.259)**	(-2.371)**	(-3.172)***	(-3.270)***	(-2.292)**	(-2.406)**	(-3.177)***	(-3.278)***
SIZE	0.006	0.006	0.007	0.008	0.006	0.007	0.008	0.008
	(3.019)***	(3.326)***	(3.920)***	(4.192)***	(3.123)***	(3.436)***	(3.995)***	(4.273)***
Leverage	-0.034	-0.034	-0.034	-0.034	-0.035	-0.035	-0.034	-0.034
	(-9.047)***	(-9.098)***	(-8.960)***	(-9.009)***	(-8.982)***	(-9.034)***	(-8.898)***	(-8.949)***
Asset_turnover	-0.012	-0.011	-0.012	-0.011	-0.011	-0.011	-0.011	-0.011
	(-3.325)***	(-3.202)***	(-3.358)***	(-3.2379)***	(-3.108)***	(-2.982)***	(-3.140)***	(-3.017)***
SALES_G	0.000	0.000	0.000	0.000	0.000	0.000	0.000	0.000
	(1.573)	(1.517)	(1.523)	(-1.469)	(1.661)*	(1.604)	(1.614)	(1.558)
Loss	-0.073	-0.073	-0.072	-0.072	-0.074	-0.074	-0.073	-0.073
	(-16.013)***	(-16.061)***	(-15.835)***	(-15.882)***	(-15.957)***	(-16.007)***	(-15.785)***	(-15.833)***
Age	-0.002	-0.002	-0.001	-0.002	-0.002	-0.002	-0.002	-0.002
	(-2.772)***	(-3.195)***	(-2.137)**	(-2.563)***	(-3.455)***	(-3.862)***	(-2.836)***	(-3.247)***
Ownership		-0.000		-0.000		-0.000		-0.000
		(-1.912)*		(-1.855)*		(-1.953)**		(-1.897)*
AB			-0.024	-0.024			-0.023	-0.023
			(-4.119)***	(-4.122)***			(-3.957)***	(-3.961)***
AH			-0.033	-0.033			-0.033	-0.033
			(-2.673)***	(-2.620)***			(-2.637)***	(-2.583)***
样本数	5 145	5 145	5 145	5 145	5 145	5 145	5 145	5 145
Adjusted R^2 (%)	8.86%	8.91%	9.24%	9.28%	8.96%	9.01%	9.32%	9.37%

注：*，**和***分别表示在10%，5%和1%的显著性水平上显著。

表 5-7 收益平滑和线下项目的回归结果

	盈余平滑				线下项目
	EM1	EM2	EM3	EM 综合	EM4
Intercept	8.638	-0.358	14.309	1.211	0.044
	(4.314)***	(-2.120)**	(8.457)***	(17.482)***	(4.033)***
SIZE	-0.435	-0.023	-0.637	-0.037	-0.001
	(-4.539)***	(-2.871)***	(-7.862)***	(-11.101)***	(-1.774)*
Leverage	3.396	0.091	2.370	0.051	-0.026
	(17.174)***	(5.451)***	(14.183)***	(7.400)***	(-20.088)***
Asset_turnover	-0.484	-0.025	-0.514	-0.035	-0.005
	(-2.787)***	(-1.711)*	(-3.497)***	(-5.881)***	(-5.138)***
SALES_G	0.000	0.000	0.001	0.000	0.000
	(0.561)	(2.144)**	(5.313)***	(2.418)**	(0.544)
Loss	0.152	0.241	0.803	0.189	-0.038
	(0.614)	(11.499)***	(3.825)***	(22.019)***	(-25.139)***
Age	0.006	0.005	-0.030	0.004	0.000
	(0.185)	(1.752)*	(-1.065)	(3.129)***	(2.550)***
Ownership	0.001	0.000	-0.005	0.001	0.000
	(0.129)	(-0.123)	(-1.238)	(0.529)	(0.113)
AB	1.209	0.067	0.163	0.059	0.003*
	(3.976)***	(2.616)***	(0.633)	(5.564)***	(1.912)
AH	0.944	0.219	0.606	0.122	-0.001
	(1.625)*	(4.466)***	(1.234)	(6.062)***	(-0.398)
N	4 836	4 836	4 836	4 836	7 335
Adjusted R^2	7.6%	5.7%	8.2%	18.7%	16%

注：*，**和***分别表示在10%，5%和1%的显著性水平上显著。

我们最终用 EM1，EM2，EM3 的百分比等级(Percentage rank)的平均值作为收益平滑的替代变量，即对收益平滑指标进行排序，计算出其百分比排序数，再用百分比排序数的均值作为最终指标 EM 综合。这是因为收益平滑有着多种计量模式，采用综合指标可以尽量避免单一指标的计量误差。EM 综合的结果表明，AH 股收益平滑低于 AB 股，而 AB 股的收益平滑低于 A 股，这与前面的 Jones 模型和修正 Jones 模型的结论一致。在控制变量之中，第一大股东持股比例与收益平滑正相关，这表明大股东能够降低收益平滑水平,但是没有通过显著性检验。Loss 和 Age 的系数均为正数,且在 99% 的置信区间通过了显著性检验。之所以系数与前面的 Jones 模型和修正 Jones 模型不一样,这是因为 Average EM 越大表明收益平滑越小。财务杠杆也能抑制盈余管理,系数为 0.051,且在 99% 的置信区间通过了显著性检验。

(六)境外上市与线下项目

在中国股票市场上,上市公司通过关联方债务重组、非货币性交易等活动操纵线下项目的盈余管理时有发生(原红旗,1998;Chen and Yuan,2004)。因此,我们还使用线下项目 EM4 作为补充,以全面考核盈余管理的程度。实证结果表明(见表5-7),AH 股的系数为 -0.001,但是没有通过显著性检验,这与1996年以来中国证监会加强了对盈余管理的检查有关(Chen and Yuan,2004),而且2001年新的会计准则对使用线下项目操纵盈余进行了限制,这使得上市公司直接采用线下项目操纵盈余管理存在困难。总体上,研究结论表明直接使用线下项目并不能揭示盈余管理,使得研究境外上市对盈余管理的影响存在困难(夏立军,2003)。

(七)境外上市、盈余管理与企业价值

上述境外上市与盈余管理的实证分析表明了,境外上市能够抑制盈余管理,提高盈利质量。而会计信息质量的改善将减少公司内部人与外部投资者之间的信息不对称,降低股权资金成本,增加企业价值。

表5-8 的模型第一列和第二列的回归结果采用了 Jones 模型计算的盈余管理,分析表明,境外上市与企业价值之间呈显著正相关(系数为 0.516,p-value = 0.001)。同时,回归方程中还有行业、规模、销售增长率等控制变量。而盈余管理与企业价值呈显著负相关(系数为 -0.212,并在 99% 的置信区间显著,t 值为 -3.662)。这表明,盈余管理的降低能够增加企业价值。

表 5-8　境外上市、盈余管理与企业价值(混合数据)

	Jones 模型计算的 DA		修正的 Jones 模型计算的 DA	
Intercept	9.117	9.101	9.117	9.100
	(57.492)***	(57.385)***	(57.495)***	(57.379)***
SIZE	-0.362	-0.361	-0.362	-0.361
	(-47.561)***	(-47.462)***	(-47.563)***	(-47.455)***
SALES_G	0.001	0.001	0.001	0.001
	(1.217)	(1.209)	(1.220)	(1.212)
ROA_{-1}	-0.205	-0.204	-0.204	-0.204
	(-4.690)***	(-4.685)***	(-4.684)***	(-4.664)***
DAJONES	-0.212	-0.177		
	(-3.662)***	(-2.951)***		
Damodified			-0.206	-0.169
			(-3.593)***	(-2.852)***
AB	0.439	0.417	0.439	0.417
	(17.910)***	(16.249)***	(17.918)***	(16.275)***
AH	0.516	0.528	0.516	0.528
	(11.169)***	(10.793)***	(11.173)***	(10.822)***
AB × DAJONES		-0.682		
		(-2.797)***		
AH × DAJONES		0.393		
		(0.748)		
AB × Damodified				-0.723
				(-2.980)***
AH × Damodified				0.388
				(0.745)
Industry	控制	控制	控制	控制
样本数	7 445	7 445	7 445	7 445
Adjusted R^2	28.1%	28.2%	28.1%	28.2%

注：*，**和***分别表示在10%、5%和1%的显著性水平上显著，括号中为系数的 t 值。

考虑到境外上市与盈余管理还有可能存在交互作用，我们在回归结果的第二列加入了境外上市与盈余管理的交叉项。由于境外上市与企业价值显著正相关，盈余管理与企业价值显著负相关，所以我们预测其交叉项与企业价值显著负相关。AB × DAJONES 的回归系数为 -0.682，且在 95% 的置信区间内显著，而 AH × DAJONES 的回归系数为 0.393，但是没有通过显著性检验。为了进一步验证上述的结论,在表 5-8 的第三列和第四列本书又采用了修正的 Jones 模型计量盈余管理的程度,得到了大致一致的结论。为了反映研究对象在时间和截面单元两个方向上的变化规律及不同时间、不同单元的特性,使研究更加深入,同时减少多重共线性带来的影响,在表 5-9 本书还采用了面板数据随机效应模型来估计境外上市和盈余管理对企业价值的影响,结果也与混合数据的结果基本相同。

表 5-9 境外上市、盈余管理与企业价值(面板数据)

	Jones 模型计算的 DA		修正的 Jones 模型计算的 DA	
Intercept	10.200	10.183	10.203	10.183
	(51.000)***	(50.890)***	(51.010)***	(50.890)***
SIZE	-0.416	-0.415	-0.416	-0.415
	(-43.370)***	(-43.270)***	(-43.380)***	(-43.260)***
SALES_G	0.000	0.000	0.000	0.000
	(-0.520)	(-0.530)	(-0.520)	(-0.530)
ROA$_{-1}$	-0.069	-0.071	-0.068	-0.070
	(-1.740)*	(-1.810)*	(-1.720)*	(-1.780)*
DAJONES	-0.175	-0.145		
	(-3.290)***	(-2.640)***		
Damodified			-0.175	-0.144
			(-3.350)***	(-2.650)***
AB	0.497	0.482	0.497	0.481
	(13.540)***	(12.880)***	(13.540)***	(12.870)***
AH	0.654	0.654	0.654	0.654
	(9.900)***	(9.680)***	(9.900)***	(9.690)***
AB × DAJONES		-0.501		
		(-2.220)**		
AH × DAJONES		-0.011		
		(-0.020)		
AB × Damodified				-0.548
				(-2.440)**
AH × Damodified				-0.003
				(-0.010)
Industry	控制	控制	控制	控制
样本数	7 445	7 445	7 445	7 445
Adjusted R^2	28.12%	28.20%	28.12%	28.20%

注:*,** 和 *** 分别表示在 10%,5% 和 1% 的显著性水平上显著,括号中为系数的 Z 值,面板数据使用 Stata 8.0 软件回归。

综合以上分析,我们发现境外上市能够抑止盈余管理,而盈余管理的降低又能增加企业价值。

四、研究结论

本节采用全面的盈余管理指标考察了境外上市对盈余管理的影响,Jones 模型和修正的 Jones 模型均表明,AB 股公司的盈余管理低于 A 股公司,而 AH 公司的盈余管理低于 AB 股公司,这与境外上市公司的双重披露和法律监管分析一致,实证结果在统计意义和经济意义上均显著。面板数据的分析并没有改变实证结果。收益平滑指标和线下项目指标的敏感性分析总体上仍然支持原有的结论。即境外上市公司的盈余管理低于 A 股公司。进一步的研究发现,盈余管理的抑制又增加了企业的价值。这是对第三章的境外上市"溢价"动因的有力解释,也是企业外部环境治理作用的重要体现。

第三节 双重上市对会计稳健性的影响

第二节研究了境外上市对盈余管理的影响,本节将分析境外上市对会计稳健性的影响。会计稳健性是传统会计中一项历史久远、影响深远的计量原则。稳健原则在会计准则产生之前就对会计实务和会计准则的制定有较深远的影响,我国的会计制度改革也较为重视会计计量的稳健性。在实证研究中,继 Basu(1997)对稳健性的存在性及其发展趋势进行深入分析以来,许多学者又对稳健性的影响因素进行深入研究,并指出制度因素而非会计准则是影响稳健性的根本原因(Ball,1996;Bushman,2004)。在中国 A 股市场,法律对投资者保护远远不够,而在 B 股和 H 股市场,法律制度的作用则相对明显,特别是香港的公司法和证券法在法律保护上优于内地。在这样的法律约束下,我们预期双重披露的公司盈余稳健性比 A 股公司高。同时,考虑到法律环境的作用,我们预期 AH 股公司的稳健性比 AB 股公司更高。

一、理论分析与研究假设

(一) 会计稳健性的含义

目前实证研究中,稳健性常见的定义有三类:Basu(1997)将稳健性定义为"当期会计盈余要对'坏消息'进行充分及时的反映,但对'好消息'的确认应该有所保留,也就是说,会计人员在财务报告中确认'好消息'比确认'坏消息'更能得到保证",对于"好消息",会计人员必须在事项基本能确定发生时才予以确认,或者分期确认"好消息"带来的利益;而对于"坏消息"则应该尽早确认损失。Givoly 和 Hayn(2000)对稳健性的定义为:"稳健性是对会计方法的一种选择标准,这种选择使得累积报告收益最小化,这可以通过减慢收入确认、加快费用确认、减少对资产的估计和增加对负债的估计来实现。"Stober(1996)认为会计政策的稳健程度可以体现在市场价值—账面价值比上。因此,在 Basu(1997)的定义下,如果会计计量比较稳健的话,会计盈余应能立即对"坏消息"做出反应,而对于"好消息"则反应不强烈。在 Givoly 和 Hayn(2000)的定义下,他们运用了通过非经营累积应计项目的符号和大小来度量稳健程度:累积应计项目金额越小或者为负,则表明会计政策越稳健,反之则更激进。Stober(1996)用市场价值—账面价值比的方法来衡量公司会计政策的稳健程度,如果该比值小于 1,则说明会计政策比较稳健,并且该比值的大小反映了会计政策的稳健程度的大小。

(二) 会计稳健性的存在性

Basu(1997)以公司股票的市场回报率作为消息好坏的替代变量,研究会计盈余和股票回报率之间的关系,结果发现会计盈余对"坏消息"比对"好消息"的反应迅速、强烈得多,也就证实了会计稳健性的存在性。具体而言,他以股票收益率来衡量公司存在好消息或者坏消息,研究了好消息和坏消息在会计盈余中确认的速度差别和程度差别。他发现坏消息得到确认的速度是好消息的 2—5 倍,说明会计盈余具有谨慎性。他同时还发现自 1980 年以来,会计盈余的谨慎性在提高。他认为存在谨慎性的原因在于市场对坏消息更加敏感,正的盈余具有更好的持续性,谨慎性提高的原因在于审计师责任感的增强。

李增泉和卢文彬(2003)借助 Basu 的方法发现了会计盈余总体上存在着稳健性,会计盈余对"坏消息"的反应程度比对"好消息"的反应程度要大,同时,会计盈余变化也呈现不对称性,负的会计盈余变化要比正的会计盈余变化具有更大的反转率。

(三) 会计稳健性的影响因素

会计稳健性存在如此广泛,而且会计信息越来越稳健,其根本原因就是市场存在的对会计稳健性的巨大需求。根据 Watts(2003)的观点,会计稳健性主要受契约、诉讼、税收的影响。

1. 契约解释:在契约解释下,稳健性被看成是契约各方解决代理冲突的一个重要的缔约手段。按照契约理论,企业和各有关当事人之间由于信息不对称、有限的视野产生诸多机会主义行为。稳健性由于对利得要求更严格的确认标准,从而可以限制机会主义行为,有效减轻代理冲突。如在债务契约中,股东和管理者可能会高估盈余和资产,将借入的债务作为清算性股利进行分配,从而将债权人的财富转移给股东。而稳健性可以避免高估资产和盈余,对股利分配施加约束,保障和提高了企业的偿债能力,降低了企业股利过度分配的可能性。另外在管理者的报酬契约中,企业管理者有动机高估净资产和盈余,最大化其当期酬金,损害股东的利益。为了避免这种情况的发生,股东可能事先在补偿合同中要求运用稳健性去计量收益。因此,从契约解释来看,谨慎性原则是作为一种有效的缔约机制,它的存在降低了各种契约的违约可能性,提高了企业的价值。稳健性的契约解释得到了较多的理论和实证支持。Ball 等(1999a,1999b,2000)采用 Basu 模型对普通法国家、成文法国家、亚洲国家和中国上市公司的会计盈余的相关性和谨慎性进行了研究,发现普通法国家会计盈余的相关性较好,谨慎性也较强,而成文法国家会计盈余的相关性较差,也不够谨慎。原因是普通法下股权较为分散,解决股东和管理层之间信息不对称的手段主要是通过公开的信息披露,这就产生了对稳健性的需求;而在成文法系中,主要是大股东或债权人通过私下渠道来解决信息不对称问题,所以就相对缺乏对会计稳健性的需求。

2. 诉讼解释:股东诉讼是谨慎性原则产生和存在的另一个重要来源。许多研究发现,投资者大多是风险回避者,他们希望能够立即得到有关潜在风险的信息,而对有关潜在利得的信息却不甚关心。因此公司延期报告潜在的损失比延期报告潜在的利得会面临更大的诉讼威胁,也就是诉讼风险更可能源自收入与资产的高估而不是低估,会计人员为了避免日益上升的诉讼风险,宁可使之低估,而不愿使之高估,这样股东诉讼成为谨慎性产生和存在的另一个重要来源。诉讼解释在理论上和实务上也获得了较多的理论和实证支持。Basu(1997)检测了美国四个不同的诉讼责任期间的谨慎性,发现在两个诉讼责任上升较高期间,谨慎性存在显著的上升;而在诉讼责任上升较低期间,谨慎性未上升,这一结果与诉讼导致谨慎性的解释一致。另外,Ball 等人指出,在普通法国家预期的较高的诉讼风险下,企业的谨慎性会增强,其结论也支持了这一预测。

3. 税收解释:税收解释认为,纳税收益与会计收益之间的联系,使得管理人员有动机运用谨慎性原则来递延税收的支付。谨慎性原则通过推迟收入的确认及加速费用的确认会延期税收支付,从而减少税收支付的现值,增加公司的价值。但是从目前的相关文献来看,还没有直接的研究支持税收解释,这一解释的相关的理论和实证证据还很弱。

(四) 研究背景与研究假设

以上是制度因素而非会计准则对会计稳健性的影响。近年来,许多国内学者从公司治理结构,如股权结构、债务约束对会计稳健性的影响进行了实证分析。然而,我们的研究却是从公司的外部环境视角出发,研究外部环境的改变对会计文件稳健性的影响。

在我国新兴资本市场中,会计制度的建设滞后于市场的发展,1999年开始实施四项计提,而到 2001 年才扩大资产减值的范围,将四项计提改为八项计提,而在我国 B 股市场和 H 股市场,上市公司在中期报告和年度报告中,除了应当提供按中国会计制度编制的财务报告外,还应当提供按国际会计准则或者境外主要募集行为发生地会计准则调整的财务报告。如果按两种会计准则提供的财务报告存在重要差异,应当在财务报告中加以说明，所以A股会计盈余的稳健性可能不如双重披露下AB股和AH股的会计盈余。从Holthausen和Watts(2001)的观点来看，会计盈余的谨慎性主要在于三方面原因：契约、税收和法律制度。中国上市公司管理层的报酬与公司业绩之间联系并不紧密，会计盈余在订立契约时的作用还不甚明显，公司的债务主要来自国有银行，银行发挥的监督作用还不明显，并不是实质意义上的债务契约，因此契约因素在中国还不能引起自愿的谨慎要求；中国上市公司对税收的关注程度也很低，税收也起不到有效作用；在中国的上市公司中，为了达到证监会规定的配股标准和有较好的市场表现，上市公司调高利润的现象比较普遍，而调低利润者很少，即使企业管理层操纵利润，市场也缺乏有效的机制来制约管理层，法律对中小股东的保护还远远不够，这和成熟证券市场下发达的集体诉讼形成了鲜明的对比，法律制度因素对中国会计盈余谨慎性的作用也有限。此外，我国上市公司数据编制喜欢报喜不报忧，推迟或隐瞒"坏消息"。因此在确认不同的消息时，A股会计盈余的稳健性可能不如双重披露下AB股和AH股的会计盈余那样稳健。而且，AH股公司还要受到香港法律的监管，香港法律对投资者的保护也比A股市场好，因此我们进一步假设AH股公司的稳健性高于AB股公司，而AB股公司的稳健性又高于A股公司。

在实证文献中，也有大量的证据表明双重披露的公司会计稳健性高于A股公司。Chen,Gul和Su(1999)以沪市B股公司1995到1997年的财务报告和披露实务为对象，研究中国会计制度与国际会计的差异及其导致的"盈余高估"或"盈余低估"的问题。他们的研究表明，按中国会计制度报告的净利润高于按国际会计准则报告的净利润。杨之曙和彭倩(2004)通过收益激进度和收益平滑度来衡量收益透明度，指出了境外上市公司(即B股)的收益透明度比境内上市公司(即A股)的高，此外，他们还指出在国际会计准则下，一些与应计项目相关的项目的处理都要求得更为稳健，虚增应计项目的空间相对较小。因此国际会计准则比本土会计制度更为稳健。

根据上述分析，我们提出以下假设：

双重披露的公司盈余稳健性比 A 股公司高。同时,考虑到法律环境的作用,我们预期 AH 股公司的稳健性比 AB 股公司更高。

二、研究设计与样本选择

(一) 模型设定和变量定义

在 Basu(1997)模型中,股票价格反映了影响公司价值的所有相关信息,股票收益率可以表示公司的经济收益,那么会计信息的及时性就意味着当期的会计盈余是否完全反映了公司的经济收益。如果股票收益的正负可以代表影响公司价值的"好消息"和"坏消息",稳健性就要求当期的会计盈余反映当期的"坏消息",而不反映当期的"好消息"。因此,负的股票收益与会计盈余之间的关系要显著强于正的股票收益与会计盈余之间的关系。李增泉和卢文彬(2003)的研究结果表明,Basu(1997)模型可以用于分析中国上市公司的会计信息稳健性。

本章以 Basu(1997)模型为基础,结合 Ball 等(2000)的研究方法,构造如下模型以检验本章的研究假说:

$$Y_t = \beta_0 + \beta_1 DR + \beta_2 R + \beta_3 DR \times R + \beta_4 CROSS + \beta_5 CROSS \times DR \times R + \varepsilon$$

其中:$Y_t = EPS_t/P_{t-1}$,EPS_t 表示公司第 t 年的每股税后净收益,P_{t-1} 则是其 $t-1$ 年年末的 A 股市场的股票价格。R 为公司在 A 股市场的股票年收益率。CROSS 为双重上市,即如果股票在 B 股或 H 股上市,则为 1,否则为 0。DR 为虚拟变量,若年度股票平均收益大于 0,则 DR = 0,否则 DR 为 1。

如果会计信息是稳健的,则会计盈余对"坏消息"的反应系数应大于其对"好消息"的反应系数,"坏消息"的系数是 $\beta_3 + \beta_2$,而"好消息"的系数是 β_2。既然会计盈余的计量受到稳健主义的影响,会计盈余更会提前确认"坏消息"而推迟确认"好消息",那么,β_2 应该大于 0,而 β_3 的系数也应该大于 0,即 β_3 应显著为正。β_5 是双重披露与"坏消息"(DR × R)的乘积。当企业双重披露其信息时,会计盈余的稳健性较单一披露稳健性更高,特别是 AH 将比 AB 更高,因此 β_5 也应该显著为正。

(二) 样本选择

本部分的研究主要需要公司的财务数据和股价的数据。由于盈余管理的样本期间是 1998—2004 年,所以会计稳健性的样本时间段我们也选为 1998—2004 年。财务数据以及上市公司基本资料均来自万得咨讯(Windwise)。企业境外上市的列表来自"天软金融分析"。在总共 1 233 ×7 = 8 631 个样本中,我们首先剔除了金融类企业样本 70 个,剔除财务股价指标缺失以及上市年限不足一年的样本 1 789 个,最后得到有效样本 6 772 个,其中 A 股公司 6 058 个,AB 股公司 567 个,AH 股公司 147 个。

表 5-10 稳健性样本选择

	数量	比例
1998—2004 年样本总数据	8 631	100%
减去:金融类上市公司	-70	-0.81%
可供计算的上市公司	8 561	99.19%
减去:股价缺失以及上市年限不足一年的公司	-1 789	-20.72%
最终的样本数	6 772	78.46%

三、实证结果及其分析

(一) 描述性统计

表 5-11 是每股收益(eps_p)、每股营业利润(ops_p)、回报(return)及负回报(negreturn)等主要变量的描述性统计结果,从表中我们发现同时在内地和香港上市的公司每股收益指标和 A 股公司以及 AB 股公司差不多,均在 0.01 左右。但是从股票回报的结果来看,A 股市场的年平均回报为 1.23%,而 AB 股公司为 3.34%,AH 股公司则为 6.53%。从负的回报即"坏消息"来看,A 股市场的均值为 0.63%,而 AB 股公司为 0.59%,AH 股公司则为 0.56%,差异不大。

表 5-11 稳健性主要变量描述性统计

		均值	标准差	最小值	最大值
A	eps_p	0.01	0.04	-1.35	0.16
	ops_p	0.01	0.04	-1.06	0.24
	return	1.23%	44.10%	-90.93%	440.01%
	negreturn	0.63%	0.48%	0.00%	1.00%
AB	eps_p	0.001	0.04	-0.43	0.11
	ops_p	0.001	0.04	-0.34	0.14
	return	3.34%	44.01%	-75.17%	371.67%
	negreturn	0.59%	0.49%	0.00%	1.00%
AH	eps_p	0.01	0.05	-0.27	0.15
	ops_p	0.02	0.06	-0.28	0.19
	return	6.53%	36.68%	-59.97%	129.74%
	negreturn	0.56%	0.50%	0.00%	1.00%

(二) 稳健性的存在性

表 5-12 给出了会计稳健性的存在性分析结果。总体来说，会计盈余和股票回报之间存在显著的正相关关系（第一个回归方程的总体样本中，股票回报的系数为 0.004，t 值为 1.97，并在 95% 的置信区间内显著）。从总体回归结果中，$R \times DR$ 的系数为 0.071，并在 99% 的置信区间内显著，这就表明会计盈余对"坏消息"的反应显著高于好消息的反应。具体而言，会计盈余对"好消息"的反应系数为 0.004，而对"坏消息"的反应系数为 0.075（0.075 = 0.004 + 0.071），也就是说，会计盈余对"坏消息"的敏感性是"好消息"的 18.75 倍（18.75 = 0.075/0.004）。另外，对"好消息"和"坏消息"按照股票回报进行分组也进一步证实了上述结论。为了消除会计盈余的计量误差，本书又对会计盈余进行了敏感性检验，用每股营业利润 OPS 代替每股收益，但是得到了大致相同的结论，即证实了会计稳健性的存在性。

表 5-12　会计稳健性的存在性

回归方程	$EPS/P = \beta_0 + \beta_1 DR + \beta_2 R + \beta_3 DR * R$			$OPS/P = \beta_0 + \beta_1 DR + \beta_2 R + \beta_3 DR * R$		
因变量	\multicolumn{3}{c}{EPS/P}			
样本分类	全部样本	好消息	坏消息	全部样本	好消息	坏消息
Intercept	0.012	0.012	0.020	0.015	0.015	0.021
	(10.83)***	(12.881)***	(13.986)***	(13.77)***	(14.076)***	(17.155)***
R	0.004	0.004	0.074	0.002	0.002	0.068
	(1.97)**	(2.341)**	(14.319)***	(1.30)	(1.333)	(14.976)***
DR	0.007			0.006		
	(4.26)***			(3.98)***		
$R \times DR$	0.071			0.066		
	(13.81)***			(13.71)***		
N	6 772	2 534	4 238	6 772	2 534	4 238
Adj. R^2	5.2%	2%	4%	4.9%	2%	5%

注：*，**和***分别表示在10%、5%和1%的显著性水平上显著。

（三）境外上市对稳健性的影响

本章第二节研究了境外上市对盈余管理的影响，这里将仔细分析境外上市对会计稳健性的影响。Ball(2001)的研究表明，外部环境对会计稳健性有着重要的影响，在香港法律监管的影响下，我们估计 AH 股公司的稳健性高于 A 股公司。前文证实了会计稳健性的存在性，这一部分在 Basu(1997) 模型的基础上加入了新的变量 CROSS × DR × R，如果 AH 股公司的稳健性高于 A 股公司，那 CROSS × DR × R 的系数应该显著为正。表 5-13 的回归模型第一列表明，AB × R × DR 的系数为负，而 AH × R × DR 的系数则为正，似乎表明 AB 股公司的稳健性低于 A 股公司，但是 AH 股公司的稳健性高于 A 股公司，但是两者都没有通过显著性检验。回归模型第二列和第三列又对样本进行了细分，第二列表明 AB 股公司的稳健性低于 A 股公司，但是也没有通过显著性检验。第三列是 A 股公司和 AH 股公司的比较，回归系数表明 AH 股公司的稳健性高于 A 股公司，但是显著性检验没有通过。回归方程采用的因变量为 EPS/P。

表 5-13　境外上市对会计稳健性的影响

	A and Cross	A and AB	A and AH
Intercept	0.013	0.013	0.012
	(10.897)***	(10.823)	(10.204)***
R	0.004	0.004	0.004
	(1.964)**	(2.016)	(2.085)**
DR	0.007	0.007	0.008
	(4.228)***	(4.284)	(4.423)***
$R \times$ DR	0.071	0.071	0.072
	(13.586)***	(13.581)	(13.281)***
AB	-0.006	-0.006	
	(-2.433)**	(-2.439)	
AH	0.006		0.006
	(1.306)		(1.299)
AB $\times R \times$ DR	-0.005	-0.005	
	(-0.439)	(-0.438)	
AH $\times R \times$ DR	0.016		0.016
	(0.625)		(0.631)
N	6 772	6 625	6 205
Adj. R^2	5.3%	5.2%	5.3%

注：*，**和***分别表示在10%，5%和1%的显著性水平上显著。

（四）分组检验的结果

由于会计稳健性的检验需要对年度股票收益是"好消息"还是"坏消息"进行判别，用到虚拟变量，而境外上市变量本身也是虚拟变量，三项相乘会损失自由度，导致结果存在偏差。因此，我们又对前面的结果进行了敏感性分析，采用分组检验并比较稳健性系数之间的差异。从分组的结果表 5-14 来看，AH 股公司的稳健性系数是 0.0838，高于 A 股公司的 0.072，即 AH 股公司的会计稳健性高于 A 股公司。用 OPS/P 代替 EPS/P 也得到一致的结果。

表 5-14　会计稳健性的分组结果

回归方程	$EPS/P = \beta_0 + \beta_1 DR + \beta_2 R + \beta_3 DR*R$			$OPS/P = \beta_0 + \beta_1 DR + \beta_2 R + \beta_3 DR*R$		
因变量	EPS/P			OPS/P		
样本分类	A	AB	AH	A	AB	AH
Intercept	0.012	0.010	0.024	0.015	0.011	0.027
	(10.117)***	(3.078)***	(2.286)**	(13.115)***	(3.381)***	(2.175)**
R	0.004	−0.001	−0.006	0.003	0.001	0.001
	(2.141)**	(−0.164)	(−0.284)	(1.408)	(−0.070)	(0.043)
DR	0.008	−0.001	−0.001	0.007	−0.002	0.001
	(4.487)***	(−0.174)	(−0.077)	(4.314)***	(−0.390)	(0.023)
$R \times DR$	0.072	0.0548	0.0838	0.0673	0.0428	0.0776
	(13.274)***	(3.370)***	(1.733)*	(13.474)***	(2.727)***	(1.330)
N	6 058	567	147	6 058	567	147
Adj. R^2	5.3%	4.6%	2.4%	5.1%	3.5%	1.3%

注：*，** 和 *** 分别表示在 10%，5% 和 1% 的显著性水平上显著。

但是，分组检验只能比较稳健性的大小，并不能检验 AH 股公司的稳健性系数是否显著高于 A 股公司，因此下面采用组间系数的显著性检验来解决这个问题。在实际工作中，有时要比较两个回归系数（b_1、b_2）的差别有无统计意义。和两个样本均值差别的统计意义检验一样，我们也假设这两个回归系数来自同一总体，测定的步骤如下：

（1）假设两个回归系数都得自于从一个母体中抽取的样本。因此，b_1 与 b_2 的差别是抽样误差。

（2）作综合估计值的标准误差 $S_{y.x}$

$$S_{y.x} = \sqrt{\frac{\sum(y_i - \hat{y}_1) + \sum(y_i - \hat{y}_2)^2}{(n_1 - 2) + (n_2 - 2)}}$$

（3）计算回归系数的差的标准误

$$S_{b_1-b_2} = S_{y.x} \sqrt{\frac{1}{\sum(x_i - \bar{x}_2)^2} + \frac{1}{\sum(x_j - \bar{x}_2)^2}}$$

$$t = \frac{b_1 - b_2}{S_{b_1-b_2}}$$

（4）t 服从 t 分布，自由度为 $(n_1 - 2) + (n_2 - 2)$。

当 $t \geq t_{0.05}$，b_1 与 b_2 之间差别显著。说明两回归系数的差别有统计意义。

以 EPS/P 为例，如表 5-15 所示，A 股的系数大于 AB 的系数通过了 10% 的显著性检验，这表明 A 股的稳健性显著高于 AB 股公司。但是，与前面的结论一致，AH 股的稳健性系数虽然高于 A 股公司，但是 t 值只有 0.456，没有通过显著性检验。

表 5-15 会计稳健性分组比较的显著性检验

统计量	A	AB	AH
b	0.072	0.0548	0.0838
$\sum(x_i - \bar{x}_2)^2$	147.265	13.22309	2.605821
$\sum(y_i - \bar{y}_2)^2$	10.35	0.749	0.319
n	6 058	567	147
比较显著性	A VS AB		A VS AH
$S_{y.x}$	0.0409		0.0415
$S_{b_1-b_2}$	0.01174		0.0259
$t = \dfrac{b_1 - b_2}{S_{b_1-b_2}}$	1.465*		0.456

注：回归方程采用的是 $EPS/P = \beta_0 + \beta_1 DR + \beta_2 R + \beta_3 DR \times R$，* 表示在 10% 的显著性水平上显著。

四、研究结论

本节就境外上市对会计稳健性的影响进行了实证分析。研究结果表明了会计稳健性在我国的存在性，这与李增泉(2003)的结果一致。在研究外部环境对会计稳健性的影响时，本书发现 A 股的稳健性显著高于 AB 股公司，AH 股的稳健性系数虽然高于 A 股公司，但没有通过显著性检验。对这一结论，这与 AB 股公司和 AH 股公司有着两套财务报表有关。Chen,Gul 和 Su(1999)以及杨之曙和彭倩(2004)的研究均表明，国际会计准则比本土会计制度更为稳健。我们的研究直接比较的是 A 股市场上中国会计准则的稳健性差异,这也是本节重要的局限性。上述结果一个可能的原因就是,尽管 AH 股公司的中国会计准则报表稳健性高于 A 股公司,但是 AH 股公司国际财务报告准则的稳健性更高,这就需要未来进行两两比较,既研究中国会计准则下 A 股公司和 AH 股公司稳健性的差异,又比较 AH 股公司在中国会计准则和国际会计准则两套报表下稳健性的差异。由于境外上市并不能显著增加会计稳健性,因此本节就没有继续分析稳健性的提高对企业价值的影响。

第四节 双重上市对会计信息价值相关性的影响

本章第二节研究了境外上市对盈余管理的影响,第三节分析了境外上市对会计稳健性的影响,本节将继续分析境外上市对价值相关性的影响。由于 AB 股公司和 AH 股公司需要双重披露中国会计准则盈余和国际会计准则盈余,我们认为:双重披露的 AB 股公司和 AH 股公司的会计盈余数字比只按照中国会计准则编制的 A 股公司会计盈余数字更具决策价值相关性。

一、理论分析与研究假设

随着全球经济的一体化,证券市场逐步国际化,双重上市越来越普遍,双重财务报告也随之出现。所谓双重财务报告是指同一公司按照两个证券交易所(市场)要求的不同会计准则披露两套不同的财务报告。我国允许同一公司同时在 A 股和 B 股市场或 H 股市场上市,即存在双重上市的公司。这些公司作为在 A 股市场的上市公司需要按照中国会计准则披露财务报告,同时作为在 B 股或 H 股市场的上市公司需要按照国际会计准则(IAS)披露财务报告,即双重财务报告。

在这样的背景下,有许多研究对双重财务报告的价值相关性进行比较和分析。具体而言,是研究按照中国会计准则和按照 IAS 披露的会计盈余在价值相关性方面的差异和增量。具体包含三个研究问题:(1)价值相关性的存在性,即中国会计准则和 IAS 的会计盈余各自是否具有价值相关性;(2)相对价值相关性,即中国会计准则还是 IAS 的会计盈余具有更高的价值相关性;(3)增量价值相关性,即在披露了中国会计准则(或 IAS)的会计盈余之后,再披露 IAS(或中国会计准则)的会计盈余是否能够增加会计盈余整体的价值相关性。以下先提出价值相关性的存在性的含义,再回顾价值相关性的存在性、相对价值相关性和增量价值相关性的相关文献。

(一)理论分析与文献综述

1. 会计信息价值相关性的含义

会计信息的价值相关性是极重要的信息质量属性。我国《企业会计准则》将相关性解释为:会计信息能够满足各方面的需要,包括符合宏观经济管理的需要,满足有关各方了解企业财务状况和经营成果的需要,满足企业加强内部经营管理的需要。因此,相关性对绝大多数用户具有不同程度的决策有用性,是财务报表的基本属性。财务报告的目的是向信息使用者提供与决策相关的信息。上市公司对外披露的财务会计信息是否为投资者等信息使用者的投资决策所用,是否有助于投资者对未来现金流量的数量、时点和不确定度进行评估,是会计界人士最关心并且必须回答的基本问题。

2. 价值相关性的存在性

早期的会计信息价值相关性研究主要集中于发现股票投资收益与会计盈余之间的联系,即会计盈余的信息观。Ball 和 Brown(1968)通过对纽约证券交易所上市的 261 家公司 1946—1965 年年度会计盈余信息披露前 12 个月到后 6 个月的股价进行经验研究,他们发现盈余变动的符号与股票非正常报酬率的符号之间存在显著的统计相关性。从而第一次以令人信服的科学证据提出,公司证券的市场价格会对财务报表的信息含量做出反应。Beaver,Clarke 和 Wright(1979)通过将 276 家上市公司从 1965 年到 1974 年的数据分成 25 个投资组合,考察各组合会计盈余变动与股价变动的数量关系,发现盈余的变动百分比和股价的变动百分比具有显著的正相关关系,各年度平均秩相关系数等于 0.74,并且在统计意义上显著异于零。

近来,受西方会计学实证研究的影响,国内不少会计学者也尝试着对我国资本市场发展与会计的关系进行了一些实证检验。在研究我国股市会计信息价值相关性的课题上,赵宇龙(1998)发表了第一篇关于盈余数字在中国有用性的论文。他考察了上海股市123家样本公司在1994—1996年三个会计年度的会计盈余披露日前后各8个交易周内未预期盈余与股票非正常报酬率之间的关系。如果年度会计盈余信息的披露能够向证券市场传递新的信息,上述两种符号之间应具有统计意义上的显著相关性。他分别采用幼稚模型(naive model)和市场模型(market model)来衡量股票市场的预期会计盈余和股票正常报酬率。经验研究表明,在上海证券市场,未预期会计盈余的符号与股票非正常报酬率的符号之间存在统计意义上的显著相关,这一发现支持会计盈余数据的披露具有信息含量的假设,证实了我国会计准则下的盈余具有价值相关性。陈晓等(1999)几位学者以在上海、深圳股市上市的A股公司为对象,在交易量分析的基础上,运用回归分析方法,对盈余数字的有用性进行了大样本检验。其股票交易量反应研究结果表明,在股票盈余公告附近确实有新的信息抵达市场,并导致交易量发生波动,鉴于与年度盈余数字一同公布的信息很多,交易量的波动可能由非盈余信息所导致。为了考察盈余数字的确切效应,他们采用严格的回归分析方法,直接考察年度意外盈余在公告日附近对股票超额回报的影响。其结果发现与交易量反应研究结果相吻合,回归结果显示股市对盈余公告有显著的反应,这样就证实了在中国A股这一独特的新兴资本市场上,盈余数字同样具有很强的信息含量。

3. 增量价值相关性

相对信息(Relative Information)的价值相关性的比较能帮助比较两套会计准则各自解释能力的优劣(即准则采用国际会计准则还是本土会计准则),而额外信息(Incremental Information)的价值相关性的比较能够回答披露两套准则之间差异是否有必要。

Amir(1993)立足于美国的资本市场,考察那些在美国资本市场上市的外国公司按其本国会计准则编制财务报表所披露的信息与按美国会计准则调整后的报表信息之间的价值相关程度。分析结果表明,这些外国公司按本国会计准则编制的报表与按美国会计准则调整后的报表之间的确存在价值相关性,证明美国会计准则是更能反映企业实际价值的会计准则。王立彦(2002)考察了 AH 股公司依据两套会计准则规定分别披露的财务信息的增量价值相关性。实证分析主要运用市场回报率－会计收益相关模型(Return-Earnings Associations Model)和市价与账面价值比的分析模型(Market-to-Book Value Analysis Model)。分析结果表明了增量价值相关关系的存在,验证了海外资本市场要求中国国内公司在其市场上市必须披露两套报表及其差异的政策合理性。李晓强(2004)以中国 2000—2002 年既发行 A 股又发行 B 股的公司为样本,研究了会计准则调整项的增量价值相关性。研究发现,不同准则间的会计信息差异具有价值相关性,在财务报告中披露不同会计准则下会计信息的差异是有必要的。

4. 相对价值相关性

在会计国际化和境外上市的背景下,对会计信息的相对价值相关性的研究也越来越多。相对价值相关性,在本书中即指 A 股会计盈余较 AH 股是否具有更多的价值相关性。

已有的大部分研究指出:从额外信息角度而言,国际会计准则能提供本土会计准则所不能提供的信息,扩大了投资的信息集,但从相对信息角度而言,国际会计准则所提供的价值相关性弱于本土会计准则,这说明了会计准则形式上的国际化协调很难发挥作用,会计准则的实质执行情况或协调情况才是问题的关键,这是影响会计价值相关性大小的实质所在。

Elizabeth,Eccher 和 Healy(2000)采用 1993 年到 1997 年的样本,分析指出中国本土的会计标准更能解释资本市场回报以及未来现金流,因此,在中国推行 IAS 可能是无效的,国际会计准则劣于 1992 年中国会计标准的可能原因归结于缺乏有效控制以及制度来协调管理层在国际会计准则下做出判断。李晓强(2004)以中国 2000—2002 年既发行 A 股又发行 B 股的公司为样本,通过不同会计准则下会计信息的价值相关性研究为我国会计准则的国际化改革提供参考意见。研究发现国际会计准则下的会计信息相对于我国会计准则下会计信息并没有显著更高的价值相关性，相反，我国会计准则下的会计信息的作用略强于国际会计准则下的会计信息，因此简单地要求从本土会计准则倒向国际会计准则的观点并没有得到有力支持。

（二）研究背景与研究假设

在中国，AB股公司和AH股公司在中期报告、年度报告中除应当提供中国会计准则编制的财务报告外，还应提供按国际财务报告准则或者境外主要募集行为发生地会计准则调整的财务报告。如果按两种会计准则提供的财务报告存在重要差异，还应当在财务报告中加以说明。

西方实证会计理论认为，如果市场是有效的，在其他条件不变的情况下，盈余反应系数会随着盈余质量的提高而提高。所谓盈余质量，简而言之，就是会计盈余信号中相对经济收益或现金流而言包含多少"噪音"，即会计信息的质量越高，对投资者的决策越有用。根据这个思路，我们认为，对于同时发行AH股或AB股的公司而言，由于它们需要披露两套会计准则及其差异，因此财务报告具有更多的信息含量。我们可以通过研究两种不同的盈余数字对投资者决策产生的不同影响，来比较双重披露的公司和A股公司在价值相关性方面的差异。

就国际财务报告准则所规范的经济业务看，除了在我国没有或较少发生的业务外，其他业务基本上能在国际财务报告准则中找到相应的规定。当然，国际财务报告准则不是一套详尽具体的规则，而是一系列概括性的基本原则和原理，它赋予公司更大的会计选择空间。公司可以结合自身的实际情况选择更为合理的会计政策，向信息使用者传递更加相关的会计信息。所以，它要求报告编制者具有较高水平的职业判断能力和职业道德。从信息观的角度出发，所传递的更为相关的会计信息将会改变投资者对公司未来盈利能力和回报的期望，从而引发投资者的买卖决策，引起相关价格的变动。因此，更为相关的会计信息最终集中反映为股票价格和会计盈余相关性的增强，即盈余反应系数的提高，对投资者而言则更具决策有用性。

由于 AB 股公司和 AH 股公司需要双重披露中国会计准则盈余和国际会计准则盈余,我们认为:双重披露的 AB 股公司和 AH 股公司的会计盈余数字比只按照中国会计准则编制的 A 股公司会计盈余数字更具决策价值相关性。

二、研究设计与样本选择

(一) 模型设定与变量定义

价值相关性研究的典型模型包括价格模型和收益率模型。Kothari 和 Zimmerman(1995)指出使用价格模型和回报率模型都可能得到合适的结果,但考虑到回报率模型能更好地克服规模和异方差的影响(Christile,1987),而且收益率模型还与会计期间相一致。所以,我们在本章的研究中主要使用了回报率模型。我们采用最早由 Easton 和 Harris(1991)提出的 R-E 模型形式,以股票市场年度平均回报率为因变量,会计损益的数额、年度间损益数额的变化值为自变量。模型形式如下:

$$R_t = \beta_0 + \beta_1 \text{EPS}_t / P_{t-1} + \beta_2 \Delta \text{EPS}_t / P_{t-1} + \varepsilon$$

其中,R 是上市公司年度平均回报率,本节用 5 月 1 日到次年 4 月 30 日作为年度期间,因为中国上市公司在 4 月底前公布年报。EPS 是上市公司年度报表公布的每股盈余。ΔEPS 是上市公司年度报表公布的每股盈余变动,P_{t-1} 是上年年末股价。

以上是验证价值相关性的存在性,为了比较双重披露的 AB 股公司和 AH 股公司和只按照中国会计准则编制的 A 股公司的相对价值相关性,本书又对上述模型进行了修改,加入了虚拟变量及其交叉项,修改后的模型如下:

$$R_t = \beta_0 + \beta_1 \text{EPS}_t / P_{t-1} + \beta_2 \Delta \text{EPS}_t / P_{t-1} + \beta_3 \text{CROSS} + \beta_4 \text{CROSS} \times \text{EPS}_t / P_{t-1} + \beta_5 \text{CROSS} \times \Delta \text{EPS}_t / P_{t-1} + \varepsilon$$

如果双重披露的 AB 股公司和 AH 股公司的会计盈余数字比只按照中国会计准则编制的 A 股公司价值相关性高,那么 β_4、β_5 或 $\beta_4 + \beta_5$ 显著大于零。CROSS 为虚拟变量,当企业属于 AB 股或 AH 股时则为 1,否则为 0。

(二) 样本选择

本部分的研究主要需要公司的财务数据和股价的数据。由于盈余管理的样本期间是1998—2004年,所以价值相关性的样本时间段我们也选为1998—2004年。财务数据以及上市公司基本资料均来自万得咨讯(Windwise)。上市公司的行业划分依据中国证监会2001年最新颁布的《上市公司行业分类指引》。在总共的样本 1 353 × 7 = 9 471 个中,我们首先剔除了上市年限小于1的样本2 590个,剔除净资产为负的样本98个,金融类企业样本77个,最后得到有效样本6 706个,其中A股公司5 977个,AB股公司552个,AH股公司147个。

表 5-16 价值相关性的样本选择

	数量	比例
1998—2004 混合样本总数	9 471	100%
减去:上市年限小于1的样本	−2 590	−27.35%
可供计算的样本	6 881	72.65%
减去:净资产为负的样本数	−98	−1.03%
金融类样本	−77	−0.81%
最终的样本数	6 706	70.81%

三、实证结果及其分析

(一) 描述性统计

表5-17给出了主要变量的描述性统计结果,从表中我们发现同时在内地和香港上市的公司财务业绩比A股公司要高,EPS/P均值为0.0116,而A股公司则为0.0075。而且,股票市场回报也是AH股公司最高,A股公司最低。但是,尽管AH股公司EPS/P均值最高为0.0116,但是其业绩的波动也最大,$\Delta EPS/P$ 的均值达到了0.0053,其他指标差异不大。

表 5-17　价值相关性的主要变量描述性统计

		均值	标准差	最小值	最大值
A	R_t	-0.0262	0.4760	-0.8448	5.3394
	EPS_t/P_{t-1}	0.0075	0.0247	-0.3962	0.1354
	$\Delta EPS_t/P_{t-1}$	-0.0012	0.0257	-0.3447	0.7231
AB	R_t	0.0086	0.4526	-0.7912	3.3322
	EPS_t/P_{t-1}	0.0034	0.0309	-0.4027	0.1094
	$\Delta EPS_t/P_{t-1}$	0.0001	0.0403	-0.4197	0.3230
AH	R_t	0.0185	0.3852	-0.5919	1.4151
	EPS_t/P_{t-1}	0.0116	0.0431	-0.2311	0.1189
	$\Delta EPS_t/P_{t-1}$	0.0053	0.0445	-0.2315	0.2092

（二）境外上市对会计信息价值相关性的影响

为了比较相对价值相关性，本书首先对样本进行分类，以直观判别不同样本的价值相关性大小。价值相关性的大小用系数以及拟合优度来定义。表5-18是样本的分类结果。在第一列中是全部样本的价值相关性分析，回归结果的拟合优度为4.1%，这与潘琰（2003）等的结果一致，EPS/P的系数达到2.987，且在99%的置信区间内显著，$\Delta EPS/P$的系数达到1.035，也在99%的置信区间内显著，总体而言，回归结果证明了会计信息的价值相关性的存在性。从分类结果来看，A股公司的拟合优度为4.3%，而AH股公司只有3%，而且从变量的系数来看，A股公司EPS/P的系数达到3.423，远远高于AB股公司的1.992以及AH股公司的-0.535。分类结果表明，境外上市公司的价值相关性低于A股公司，双重披露的结果并不理想，即使AB股公司和AH股公司有着两套报表，但是价值相关性并不高于只按照中国会计准则编制报表的A股公司。

表 5-18　价值相关性的分组检验

	全部样本	A	CROSS	AB	AH
Intercept	-0.043	-0.051	0.004	0.002	0.014
	(-7.150)***	(-7.858)***	(0.223)	(0.093)	(0.424)
EPS_t/P_{t-1}	2.987	3.423	1.013	1.992	-0.535
	(11.246)***	(11.575)***	(1.629)**	(2.447)**	(-0.599)
$\Delta EPS_t/P_{t-1}$	1.035	0.982	1.568	1.200	2.051
	(4.193)***	(3.492)***	(3.064)***	(1.923)*	(2.370)*
N	6706	5977	699	552	147
Adj. R^2	4.1%	4.3%	4.0%	4.6%	3%

注：*，**和***分别表示在10%,5%和1%的显著性水平上显著。

为了进一步比较价值相关性的高低及其显著性，本书对 Easton 的回报模型进行了修改，加入了虚拟变量及其交叉项，如果双重披露的 AB 股公司和 AH 股公司的会计盈余数字比只按照中国会计准则编制的 A 股公司价值相关性高，那么 β_4、β_5 或 $\beta_4+\beta_5$ 显著大于零。

表 5-19 是加入了虚拟变量的回归结果。从表的第一列来看，Cross × EPS/P 的系数显著为负，这表明境外上市的公司价值相关性低于 A 股公司，Cross × ΔEPS/P 的系数虽然为正，但是并不显著。从总体来看，$\delta_7+\delta_8=0$ 的原假设被拒绝，即 Wald Test 表明境外上市公司的价值相关性显著低于 A 股公司。线性约束的 Wald 检验采用的是 Eviews 3.0 软件进行处理，Eviews 同时给出了 F 检验值和 χ^2 结果，由于 χ^2 统计量结果等于 F 统计量结果与约束条件个数的乘积，所以这里两个统计量取值相等，表中也就只给出了 F 值的结果。

$$F = \frac{(\tilde{e}'\tilde{e}-e'e)/q}{e'e/(n-k)}$$

其中，$\tilde{e}$ 表示约束模型的残差向量。E 表示无约束条件下的残差向量，n 为样本量。q 和 k 分别表示约束方程矩阵 $R\beta-r=0$ 的 $q \times k$ 阶矩阵。

表中第二列是 A 股公司和 AB 股公司价值相关性的比较，同样我们发现从单项指标 EPS/P 来看，A 股公司的价值相关性较高；从整理指标 $\delta_9+\delta_{10}$ 来看，A 股公司的价值相关性也高于 AB 股公司。第三列的结果也表明，从单项指标 EPS/P 来看，A 股公司的价值相关性较高；从整理指标

$\delta_{11}+\delta_{12}$来看,A 股公司的价值相关性也高于 AH 股公司。

表 5-19　境外上市对价值相关性的影响回归结果

	系数	A and Cross	A and AB	A and AH
Intercept	δ_1	-0.051	-0.051	-0.051
		(-7.918)***	(-7.890)***	(-7.889)***
EPS/P	δ_2	3.423	3.423	3.423
		(11.665)***	(11.624)***	(11.622)***
ΔEPS/P	δ_3	0.982	0.982	0.982
		(3.519)***	(3.506)***	(3.506)***
Cross	δ_4	0.055		
		(2.897)***		
AB	δ_5		0.053	
			(2.517)**	
AH	δ_6			0.065
CROSS × EPS/P	δ_7	-2.410		(1.612)*
		(-3.305)***		
CROSS × ΔEPS/P	δ_8	0.586		
		(0.950)		
AB × EPS/P	δ_9		-1.431	
			(-1.584)	
AB × ΔEPS/P	δ_{10}		0.218	
			(0.306)	
AH × EPS/P	δ_{11}			-3.959
				(-3.496)***
AH × ΔEPS/P	δ_{12}			1.069
				(0.977)
N		6 676	6 529	6 124
Adj. R^2		4.3%	4.3%	4.3%
Wald Test		$\delta_7+\delta_8=0$	$\delta_9+\delta_{10}=0$	$\delta_{11}+\delta_{12}=0$
F		9.337***	2.981*	7.961***
Probability		0.0023	0.0843	0.0048

注:*,** 和 *** 分别表示在 10%,5% 和 1% 的显著性水平上显著。

四、研究结论

通过以上分组检验以及显著性比较,本书发现 A 股公司对会计盈余数字的反应要比 AB 股公司和 AH 股公司对会计盈余数字的反应更大。换言之,双重披露的会计信息并不比只按照中国会计准则编制的会计报表有更强的价值相关性,这与李晓强(2004)、潘琰(2003)的结果相一致。

但从整体上看,按照中国会计准则编制的会计盈余都比按照国际财务报告准则和中国会计准则两套报表编制的会计盈余更具决策有用性,即我们所得到的是与原假设相反的结论。这也说明当前我国的会计准则建设在走向国际化的进程中,仍应考虑我国的实际情况,不能操之过急或全盘照搬国际财务报告准则。

我们可以从我国证券市场所处的特定阶段以及两种准则所提供的会计信息质量特征的不同对上述结论进行分析。对于资本市场参与者来说,会计信息质量最主要的特征是相关性和可靠性。毫无疑问,会计信息的使用者总是要求既有可靠性,又有相关性,但两者有时也可能出现矛盾,这时就面临着对相关性与可靠性的取舍。正如我们在前文研究假设中提到的那样,国际财务报告准则为会计人员在进行会计估计时留有较大的余地,赋予会计人员更多的职业判断,要求尽可能向投资者传达企业实际的经营活动成果等更为相关的信息。它是以会计人员具有较高的职业判断能力和职业道德能力为基础,要求以一定的监督机制作保障。如果这一准则的执行主体职业判断或职业道德不高,则可能会出现公司选择不合理的会计政策传递不相关甚至不可靠的会计信息,或者是利用会计处理方法选择性的增强人为操纵会计信息以误导、欺骗投资者。最终表现为股票价格和会计盈余相关性的降低。我国目前还处于转型经济阶段,许多机制还未能与国际财务报告准则实施所要求的水平相匹配,相关的法律法规(特别是上市公司信息披露)制度还不够完善,仍需进一步健全和发展。在此特定环境下,不难理解为什么按照中国会计准则提供的会计盈余数据对投资者更具决策有用性。

第五节 本章小结

本书第三章从"溢价效应"和预期资金成本两个方面研究了企业境外上市及其溢价。第四章从信息环境角度研究了溢价动因,本章则进一步从盈利质量角度分析了溢价的动因。对于盈利质量,我们从盈余管理、稳健性、价值相关性三方面进行了分析。实证研究发现,境外上市能够抑制盈余管理,增加会计盈余的可靠性;但是对于稳健性,尽管 AH 股公司的稳健性较高,但是没有通过显著性检验,一个可能的原因就是,尽管 AH 股公司按中国会计准则编制的报表稳健性高于 A 股公司,但是 AH 股公司按国际财务报告准则编制的报表的稳健性更高,这就需要未来进行两两比较;对于价值相关性,我们发现 A 股公司对会计盈余数字的反应要比 AB 股公司和 AH 股公司对会计盈余数字的反应更大。换言之,双重披露的会计信息并不比只按照中国会计准则编制的会计报表有更强的价值相关性。值得说明的是,由于稳健性和价值相关性并没有得到一致的结论,所以在实证设计的时候就只研究了境外上市对稳健性和价值相关性的影响,没有进一步研究这种影响对企业溢价的作用,而仅仅只是做了境外上市与盈利质量间的间接检验。

由于时间及数据的限制,我们的研究区间是 1998—2004 年,这是因为上市公司从 1998 年开始要求编制现金流量表,而为了使结果具有可比性,对于稳健性和价值相关性我们都选取了 1998—2004 年。这就使得我们不能研究境外上市前后的会计信息质量特征,因为大部分 AH 股公司先在 H 股上市,而先在 A 股上市后到 B 股上市的 AB 股大多集中在 1992—1996 年跨交易所上市。而且,在研究会计稳健性时,本书只比较了 A 股市场中不同公司的稳健性差异,未来的研究需要既研究中国会计准则下 A 股公司和 AH 股公司稳健性的差异,又比较 AH 股公司在中国会计准则和国际会计准则两套报表下稳健性的差异。另外,随着未来境外上市样本的增加以及数据取得的便利,将来可以采用盈余质量的时间序列数据深入研究企业的外部环境而非会计准则对会计信息质量的影响,这对会计准则以及资本市场的发展将有重要的意义。

# 第六章　研究发现与政策建议

第一节　主要研究发现

境外上市是资本市场国际化发展的重要体现,它突破了地域、文化、法律制度等的限制,使公司出现在一个全新的市场中,境外上市对公司和国内资本市场的发展都将产生巨大影响。本书首先研究了中国上市公司境外上市"溢价"的存在性,然后从信息环境和盈利质量的角度对"溢价"现象进行了深入分析。

一、境外上市的"溢价效应"

第三章研究的是企业境外上市的溢价效应,即境外上市企业比非境外上市企业有更高的估值。我们借鉴Doidge,Karolyi(2004)的捆绑理论研究了境外上市的溢价现象。为了控制内生性问题,我们分别采用Heckman检验和AB股上市前后的比较分析。研究发现,与A股公司相比，AH股公司有"溢价"现象的存在性。对于这个结论，我们认为是因为境外上市对控股股东既有成本也有收益，对于未来增长机会较多的公司，境外上市后由于信息披露和监管的加强，控股股东获得的控制权私有收益将降低，境外上市公司将自身行为与新的市场及制度环境"捆绑"在一起，接受更加严格的法律监管、市场约束和披露标准，则可以取得投资者信任，市场对其也就有更好的估值。

二、境外上市与预期资金成本

鉴于企业价值有多种形式，我们除了采用PB、PE等指标外，还采用了Ohlson-Juettner模型研究了境外上市对预期资金成本的影响。中国的股票市场始于20世纪90年代，一开始就受到政府干预，而且受到经济变革和不确定性的重大影响。股票被人为地分为流通股和非流通股，股价波动较大，因此很难用事后的资本资产定价模型计算资金成本。本书在国内首次采用Ohlson-Juettner模型计算了事前的资金成本，研究发现，中国上市公司的资金成本均值为12.44%，中位数是11.77%，这与美国的股票长期资金成本接近。同时我们发现，AB股公司和AH股公司的预期资金成本比A股公司低，而AH股公司比AB股公司更低，也证实了前面用PB和PE计算的"溢价"现象。

三、境外上市、信息环境与企业溢价

在研究了境外上市的"溢价"效应后，本书进一步从信息环境的角度研究了"溢价"的动因。本书以2004年的A股市场公司为基准样本，用分析师人数和分析师预测准确度作为信息环境的替代变量，深入研究了AH股和A股在信息环境上的差异。实证研究表明，与A股上市公司相比，AH股上市公司的分析师人数显著高于A股公司。在采用联立方程模型和内生性检验之后，这种结论依然成立。进一步，信息环境的改善又增加了企业价值。从路径分析的结果来看，境外上市引起更多分析师的关注，而投资者素质和数量的提高有利于企业有更好的估值。

四、境外上市、盈余管理与企业价值

第五章研究了境外上市对盈利质量的影响。盈利质量包括三个方面:盈余管理、会计稳健性、价值相关性。鉴于 AH 股上市公司在信息披露和法律监管的双重作用下,我们预计 AH 股公司的盈余管理显著低于 A 股上市公司。我们主要采用截面调整后的 Jones 模型和修正的 Jones 模型来衡量盈余管理,同时,借鉴 Christin Leuz(2005)的方法,还分别从净收益的波动、经营性利润和经营活动现金流波动以及非正常性应计项目的角度来计量盈余管理。Jones 模型和修正的 Jones 模型均表明,AB 股公司的盈余管理也低于 A 股公司,而 AH 公司的盈余管理低于 AB 股公司,这与境外上市公司的双重披露和法律监管分析一致,实证结果在统计意义和经济意义上均显著。面板数据的分析并没有改变实证结果。通过收益平滑指标和线下项目指标的敏感性分析,总体上仍然支持原有的结论。即境外上市公司的盈余管理低于 A 股公司,进一步地,盈余管理的抑制又增加了企业的价值,这对第三章的境外上市"溢价"是有力的解释。

五、境外上市与会计稳健性和价值相关性

本书就境外上市对会计稳健性的影响进行了实证分析。研究结果表明了会计稳健性在我国的存在性,这与李增泉(2003)的结果一致。在研究外部环境对会计稳健性的影响时,本书发现在 A 股市场上,A 股的会计稳健性显著高于 AB 股公司,AH 股的会计稳健性系数虽然高于 A 股公司,但没有通过显著性检验。对于价值相关性,本书发现 A 股公司对会计盈余数字的反应要比 AB 股公司和 AH 股公司对会计盈余数字的反应更大。换言之,双重披露的会计信息并不比只按照中国会计准则编制的会计报表有更强的价值相关性,这与李晓强(2004)、潘琰(2003)的结果相一致。

第二节　对企业境外上市和市场建设的政策建议

对中国企业的境外上市问题,学术界的争论从未停止过。存在着两种对立的观点,支持者认为,通过境外上市,我国企业可以吸引海外投资者,改善公司治理结构,也满足了国内企业的融资需求,扩大了国际影响。而反对者则认为境外上市发行价过低,导致国有资产流失,并抑制了本土证券市场的发展。然而,对中国企业海外上市问题,更需要从理论上,从全球的经验和实证证据上提供新的视角。

本书从法律保护和信息披露的视角研究了境外上市对企业价值的影响,通过实证分析,我们认识到企业选择到境内还是境外上市,最根本的选择标准是好的市场环境和法律环境。企业到境外上市也只是权宜之计,因为其可以绕过本土不发达的资本市场。这就跳出了争论境外上市短期利弊的圈子。因此,积极塑造良好的市场环境和法律环境,已经刻不容缓。特别在是当前,世界各主要证券交易所国际化的趋势使国内市场与国际市场的联盟或合并已成为一种必然趋势,封闭、保护政策是不利于国内资本市场发展的,我们更应加强资本市场的基本制度建设。在信息环境、上市监管、信息披露和财务会计审计标准等方面,积极加快与国际标准的协调、融合,减少企业境外上市的制度摩擦成本,从而更有效地促进企业发展。为此,本书提出相关政策建议:

一、以市场化手段推动境外上市融资

企业是市场经济的主体,是国民经济的基本要素,企业的状况决定着国民经济的运行质量,反映着市场经济体制的健康状况。在我国市场经济体制日益发展的过程中,企业融资体制要逐步市场化。一方面,从企业角度看,企业要自主进行融资决策,自担融资风险;另一方面,要逐步创造企业自主选择融资方式的制度环境,政府要逐步放松管制,改变监管方式。上市本身是市场经济的产物,上市地的选择应该是企业的市场行为,

而不是行政监管的产物。

(一)从公司角度:自主选择,自担风险

大量的理论研究和实践经验表明,企业选择的市场对企业价值有促进作用。从本书的结论看来,境外上市能够使企业有更好的估值。境外上市实质上是"租用"了上市地良好的法律和公司治理体系。因此,如果境外上市能够融资而且改善公司治理,那么应当让企业自主选择是否境外上市并承担风险,如推动大型银行境外上市。因此,在我国市场经济体制日益发展的过程中,企业融资体制要逐步市场化。

第一,在具体的融资决策中,企业应从长期发展战略、产品市场与资本市场互动等多角度进行融资地点的选择。首先既不能盲目跟风,也不能将境外上市神秘化。境外上市是公司的一项融资行为,是实现公司发展战略的手段而不是根本目的,不能为上市而上市,而且相对于国内融资活动,有更大的风险,也要花费更多的成本。因此,企业进行境外上市决策要进行充分的成本收益比较。第二,核心竞争力是企业立足和成功的关键,也是境外上市成功的关键。一方面,企业要发展生产,开拓市场,加强管理,提高价值创造能力和国际竞争力;另一方面,要加强公司治理,提升公司管制能力,建立良好的公司形象。商业社会讲究诚信,资本市场更是离不开诚信。境外上市公司要充分学习和利用境外市场成熟的制度和经验,通过资本市场这个平台,有效融入国际经济社会。

(二)从政府角度:长期而言,境外上市模式不宜过分强调本土资本市场的定价权

目前中国资本市场制度变迁仍属于强制性变迁模式,要全面推进中国证券市场的市场化进程,必须对政府在证券市场上的行为予以合理的界定。首先要严格界定政府行为与市场行为的边界,防止政府对市场功能的过度替代。

在海外上市浪潮的过程之中,交易所之间的竞争也越来越激烈,他们之间互相竞争,以吸引优质的公司在他们的交易所上市。国内优质企业离开中国证券市场纷纷到海外融资是由很多原因造成的。从国外市场来

看,海外证券市场上市程序相对比较简单,管理和审计程序规范,资金量充沛,上市带来的财富增长效应明显。同时,包括香港在内的海外市场为争夺内地优质企业下足了公关文章。纽约、纳斯达克、伦敦、香港等这些海外融资市场纷纷在京沪设立办事机构,针对优质企业大力开展公关争夺工作。

近期,中国政府部门加大了大型蓝筹股回归 A 股市场的速度,中石油、中移动、中海油、神华能源、中国电信、中国网通、中国财险等已经或将陆续回归 A 股。从资本市场发展的角度来看,大型蓝筹股的回归可以改善整个 A 股上市公司的整体质量,使内地投资者也能分享这些优质公司业绩增长带来的好处。同时,还能缓解流动性过剩压力,并提速 A 股市场国际化进程。从政府的政策立场看来,境外上市的政策从早期的大型蓝筹股回归 A 股市场,到大力倡导 A+H 发行,中国政府的立场一直是偏向本土资本市场的定价权。

但是,我们仔细分析发现,短期来看这些大型蓝筹股回归 A 股市场对 A 股资本市场发展有一定的好处。但是,对于企业自身而言,这些大型蓝筹股有些并不缺乏资金,并不需要在 A 股市场上融资。资本市场最基本的融资功能,应该留给那些最需要资金的公司,这样中国企业才能不断壮大。因此,从长期而言,我们需要改善的是 A 股发行审批制度,加快企业上市审批的速度,而不是加快大型蓝筹股回归 A 股,且长期而言不宜过分强调本土资本市场的定价权。

(三)从战略的角度:放开国内企业到境外上市,吸引全球优质企业到 A 股上市

在境外上市发展史上,交易所之间的竞争和合作一直伴随着境外上市的浪潮。目前国际上大约有 150 多家证券交易所,将来这个数目可能极快缩减。交易所的竞争实质是上市和交易规则的竞争,各证券交易所为了保证上市资源的质量和维护市场的交易秩序,对上市申请都设置了一定的门槛,这会对企业选择上市地点造成一定的影响。为此,各证券交易所需要在维持市场声誉与吸引上市资源之间进行权衡。交易所日益激烈的竞争,促使它们极其关注那些资本市场容量和选择性有限的新兴经

济体的 IPO 业务。例如,针对海外企业的不同需求,美国不断设计新的 ADR 品种,海外企业可以根据自己的融资需要、流动性要求及经营业绩选择发行合适的 ADR。

当前,世界各主要证券交易所国际化的趋势使国内市场与国际市场的联盟或合并已成为一种必然趋势,封闭、保护政策是不利于国内资本市场发展的,我们更应加强资本市场基本制度建设,同时对资本市场的发展模式应该是开放式的。从某种意义上来看,强制境外公司回归本土市场是一种封闭的思路,我们更加迫切需要改善的是 A 股市场的环境,加快金融创新,吸引亚洲以及全球优质公司登陆 A 股市场。这无疑是一场"伟大的博弈"。

二、加强国内市场基础制度建设,加快与国际标准的协调、融合

在各国证券交易所之间激烈竞争的大国际环境下,一个证券市场要想保持其资本市场的活力,则需要不断提高自身的实力,加强其交易上市制度,加强外部环境的建设。因为各国交易所之间的竞争,一定程度上也是国家资本市场之间的竞争。竞争优势不仅体现在交易系统等硬件设施上,还在于外部环境的有效性。我们必须加强国内市场基础制度建设,包括投资者保护、信息披露制度,并将市场监管的基础工作标准化,加快与国际标准的协调、融合,具体包括:

(一)逐步建立严格的监管和执法体系

资本市场是典型的信息不对称市场,如何进行有效的制度设计减少相应的"道德风险"和"逆向选择"是资本市场发展过程中十分关键的问题。世界各国对资本市场的监管重点都放在信息披露和透明度的制度建设上。透明度是投资者做出决策的主要依据,市场透明度的核心是信息的真实性和公开性。透明度只有建立在与之相匹配的法律制度基础之上,才能得到形成和持续维护,市场的深化发展才能健全和持久。

(二)加强与国际证券监管委员会组织(IOSCO)等其他国际性组织的沟通和联络

IOSCO 是证券期货市场领域最为广泛和最具影响力的国际协调与合

作机构形式,目前,它的成员包括 90 多个国家的证券监管机构,它所制定的大量监管原则与标准已被大多数国家所采纳。中国不能游离于这种合作趋势之外,一定要积极参与国际经济政策协调,积极争取相关国际组织的席位,积极参加其中的活动,包括各类技术研究工作,及时把握国际组织的动向,增进国际社会对我国国际化进程的了解,扩大我国在国际证券监管标准和信息披露准则及会计准则形成过程中的影响力,最大限度地保障自身利益。

(三)建立证券多国发行和上市的统一信息披露及会计标准,从而降低发行与上市的运行成本和管制成本,促进资本在全球范围内的有效配置

境外发行和上市的迅猛增长是证券市场日趋国际化的显著特征。信息披露及会计标准的国别或地区差异成为阻碍国际资本流动的额外的管制壁垒,这实质上增加了筹资企业的合规性成本,并由此成为企业股票发行和上市选择的决定因素。因此,监管制度对上述标准的统一和协调将直接有助于减少成本、促进进入机会和信息共享,并提高国际市场领域中的资本形成和资本配置效率,而且能够在不削弱市场稳定性和不损害国际竞争的情况下增强市场一体化。

三、加强证券分析师等信息中介相关行业的培植

证券分析师是专门向个人投资者或机构投资者提供证券投资分析意见、预测意见,指导其进行投资的专业人士。证券分析师是公司信息的主要分析与解释者。他们跟踪主要产业,根据公司过往的经营业绩及行业未来发展趋势,对公司价值进行估值,缩减知情投资者与不知情投资者的差距。在理性、成熟的市场,金融服务的消费者真正利用所披露的信息作为市场活动的基石,这对增进证券市场的有效运作发挥着重要的作用。本书的研究表明,信息环境的改善还对企业价值有着重要的影响,在大量中国企业走向境外资本市场的同时,市场参与者如分析师市场应跟上发展的步伐,以塑造良好的外部信息环境。

第三节　研究局限与未来研究方向

一、研究局限

作为一项在国内缺乏足够研究积累的研究领域,本研究在以下方面存在着不同程度的局限性:

1. 在境外上市的溢价现象研究中,本书对企业价值的衡量采用的是 PB 和 PE 指标,实质上,也还存在其他的计量指标,如 Tobin's Q,市场反应等。此外,国外有研究指出,采用 PB 以及 PE 时由于分母过小,这会导致指标偏大,因此还有研究采用 BP 以及 EP 等指标进行研究。笔者在未来的研究中将进一步完善这些计量问题。此外,在本书的溢价分析中,纯 A 股公司和 AB 股公司以及 AH 股公司在数量上并不配比,将来将进一步采用配对样本分析的方法研究溢价问题。

2. 在境外上市的溢价现象中,一个重要的方面就是上市前后企业价值的比较,但是由于 AH 股公司基本上都是先在 H 股上市,后到 A 股上市,所以本书借鉴 Qian Sun(2006)的方法,只是用先到 A 股上市后到 B 股上市的 AB 股作为替代样本。这也是本书研究的一个局限性,只有等待将来样本扩大后进行完善。

3. 在对于预期资金成本的计量中,本书采用 Ohlson-Juettner 模型计算了事前的资金成本,并研究了境外上市对预期资金成本的影响。一方面,预期资金成本的计量方法只采用了 Ohlson-Juettner 的模型,以后还要用其他模型进行验证(如 Easton 的模型);另一方面,由于中国分析师的市场刚刚兴起,本书只用 2004 年的数据进行了预期资金成本的研究。

4. 在研究会计稳健性时,本书只比较了 A 股市场中不同公司的稳健性差异,未来还需要既研究中国会计准则下 A 股公司和 AH 股公司稳健性的差异,又比较 AH 股公司在中国会计准则和国际会计准则两套报表下稳健性的差异。

5. 由于盈利质量指标只能用模型的结果来衡量,并不能直接观测到,因此本书在盈利质量部分只在盈余管理部分做了间接检验和直接检验。在将来,随着样本时间序列的扩大,笔者将利用时间序列的盈利质量指标进一步检验盈利质量对"溢价"的作用。

二、未来研究方向

在未来的研究中,笔者将致力于以下几个方面的研究:

1. 研究企业境外上市的动机。笔者将采用实证研究的方法,从企业声誉、公司治理、融资、产品外销比例等因素分析境外上市动机,并深入分析不同的企业境外上市动机有何不同。

2. 研究企业境外上市的市场反应。在研究方法上,国内已有的研究往往使用年度数据的横截面分析法,但这并不能观察境外上市对企业价值的影响。因此,在实证方面我们主要将采用"事件研究方法"研究境外上市的市场反应。事件研究法是现代金融学的经典研究方法,它用CAPM模型计算超额收益,研究贷款公告的市场反应,而且也便于实证结果的国际比较。我们同时也会使用横截面分析法作为补充,以达到更全面的分析研究结果。

3. 在境外上市的市场反应中,中国企业还有一个特殊的现象,就是有的企业先到境外上市,后回到A股上市,市场对其如何反应,这是一个具有重要意义的研究领域,研究结果也对A股市场的建设有着重要的意义。

4. 企业境外上市的长期绩效。在境外上市的公司中,我们将深入比较其配对样本,上市前后的绩效改善。这里笔者将采用财务利润指标度量企业绩效,以深入揭示境外上市后绩效的改善。

5. 在第三章,本书采用Ohlson-Juettner模型计算了事前的资金成本,并研究了境外上市对预期资金成本的影响。但是,计算预期资金成本在当前至少有四种方法,因为将来一方面要扩大样本的区间年限,另一方面还要采用不同的研究方法来研究,以深入揭示预期资金成本及其影响因素。

6. 本书只是从信息环境和盈利质量角度揭示溢价动因,实质上,还可以从公司治理的角度,例如董事会结构、股权结构、控制权收益等角度来研究溢价动因。从公司治理的角度研究溢价动因也是国外境外上市文献的一个新的方向。

参考文献

1. 白重恩、刘俏、陆洲、宋敏、张俊喜,中国上市公司治理结构的实证研究,《经济研究》2005 年第 2 期。
2. 陈小悦、徐晓东,股权结构、企业绩效与投资者利益保护,《经济研究》2001 年第 11 期。
3. 段进东等,我国新股发行定价的信息效率实证研究,《金融研究》2004 年第 2 期。
4. 傅浩,巴西证券市场发展滞后与企业境外上市研究,上海证券交易所研究中心, 2004 年 12 月。
5. 韩德宗等,中国 IPO 定价偏低的实证研究,《统计研究》2001 年第 4 期。
6. 黄丽清、邹瑜骏,中国企业海外上市溢价及其原因初探,第三届中国金融学年会会议论文。
7. 蒋义宏,投资主体差异对净利润披露的影响——来自中国 B 股上市公司的证据, 《上市公司》2001 年第 4 期。
8. 金信证券研究所,中国优质上市资源的"逆本土"选择,《21 世纪经济报道》2005 年 6 月 6 日。
9. 靳云汇等,新股折价现象的实证分析,《统计研究》2003 年第 3 期。
10. 李锋,中国资本市场制度变迁的理论假说,《财贸经济》2003 年第 4 期。
11. 刘鸿儒,《中国企业海外上市回顾与展望》,中国财政经济出版社,1998 年。

12. 卢文莹,境外上市与公司治理相关性研究,《上证研究》2004年第一辑。
13. 陆正飞、叶康涛,中国上市公司股权融资偏好解析,《经济研究》2004年第8期。
14. 潘琰、陈凌云、林丽花,会计准则的信息含量:中国会计准则与IFRS之比较,《会计研究》2003年第7期。
15. 潘越,《中国公司双重上市行为研究》,北京大学出版社,2007年。
16. 深圳证券交易所综合研究所:《中国企业境外上市研究》2005年3月。
17. 深圳证券交易所综合研究所:《中外信息披露制度及实际效果比较研究》2002年1月。
18. 沈艺峰、肖珉、黄娟娟,中小投资者法律保护与公司权益资本成本,《经济研究》2005年第6期。
19. 唐宗明、蒋位,中国上市公司大股东侵害度实证分析,《经济研究》2002年第4期。
20. 田素华,境内外交叉上市企业IPO价格差异研究,《世界经济》2002年第10期。
21. 王立彦,A股H股上市公司双重财务报表的价值相关性,《经济科学》2002年第6期。
22. 夏立军,盈余管理计量模型在中国股票市场的应用研究,《中国会计与财务研究》2003年第2期。
23. 远东证券—社科院对外经贸国际金融研究中心联合课题组:《完善市场环境是证券市场国际化的重要前提》,《中国证券报》2005年3月16日。
24. 翟林瑜,信息、投资者行为与资本市场效率,《经济研究》2004年第3期。
25. 张碧琼,论国际资本流动自由化理论渊源与制度选择,《世界经济》1999年第1期。
26. 周勤业等,上市公司信息披露与投资者信息获取的成本效益问卷调查分析,《会计研究》2003年第5期。
27. 朱宏晖、曹敏、何佳,内部及外部投资者:银行贷款、普通公司债和可转换公司债的选择,《上证研究》Vol.3, No.1, 218—252。
28. Aharony, Joseph, Chi-Wen Jevons Lee, and T J Wong, 2000, Financial packaging of IPO firms in China, *Journal of Accounting Research*, 38(1), 103—126.
29. Alexander, G. J., C. S. Eun, and S. Janakiraman, 1987, Asset pricing and dual listing on foreign capital markets: a note, *Journal of Finance*, 42(1), pp.151—158.
30. Alexander, G. J., C. S. Eun, and S. Janakiraman, 1988, International listings and stock returns: Some empirical evidence, *Journal of Financial and Quantitative Analysis*, 23(2).

31. Alford, Andrew W; Berger, Philip G. , 1999, A simultaneous equation analysis of forecast accuracy, analyst following, and trading volume, *Journal of Accounting, Auditing and Finance*, 14, 219—240.
32. Amir, E. , Harris, T. , Venuti, E. , 1993, A comparison of the value-relevance of U. S. versus non-U. S. GAAP accounting measures using form 20-F reconciliations, *Journal of Accounting Research*, 31, 230—275.
33. Bailey, W. , 1994, Risk and return on China's new stock markets: Some preliminary evidence, *Pacific-Basin Finance Journal*, 2, 243—260.
34. Ball, R. , Kothari, S. P. , Robin, A. , 2000, The effect of international institutional factors on properties of accounting earnings, *Journal of Accounting and Economics*, 29, 1—51.
35. Ball, R. , Robin, A. , Wu, J. , 2003, Incentives versus standards: properties of accounting income in four east asian countries, and implications for acceptance of IAS, *Journal of Accounting and Economics*, 36, 235—270.
36. Barth, M. , Beaver, W. , Landsman, W. , 2001, Relevance of value relevance literature for financial accounting standard setting: Another view, *Journal of Accounting and Economics*, 31, 77—104.
37. Barth, Mary, Wayne Landsman, Mark Lang, 2005, International accounting standards and accounting quality, Working Paper, Stanford University, University of North Carolina.
38. Basu, S. , 1997, The conservatism principle and the asymmetric timeliness of earnings, *Journal of Accounting and Economics*, 24, 3—37.
39. Bradshaw, M. , Miller, G. , 2004, Will harmonizing accounting standards really harmonize accounting? Evidence from non-U. S. firms adopting US GAAP, Working paper, Harvard Business School.
40. Brown, S. , Lo, K. , Lys, T. , 1999, Use of R^2 in accounting research: Measuring changes in value relevance over the last four decades, *Journal of Accounting and Economics*, 28, 83—115.
41. Burgstahler, D. , Dichev, I. , 1997, Earnings management to avoid earnings decreases and losses, *Journal of Accounting and Economics*, 24, 99—126.
42. Bushman, R, J. Piotroski and A. Smith, 2004, What determines corporate transpar-

ency? *Journal of Accounting Research*, 42, 207—251.

43. Chen K. and Yuan H., 2004, Earnings management and capital resource allocation: Evidence from China's accounting-based regulation of rights issues, *The Accounting Review*, 79, 645—665.

44. Chen, Charles, Ferdinand Gul, and Xijia Su, 1999, A comparison of reported earnings under Chinese GAAP vs. IAS: Evidence from the Shanghai Stock Exchange, *Accounting Horizons*, 13(2), 91—111.

45. Chen, G. M., Lee, Bong Soo and Rui, Oliver, 2001, Foreign ownership restrictions and market segmentation in China's stock market, *Journal of Financial Research*, 24 (1), 133—155.

46. Chun Chang and YanGao, 2005, Cost of equity and its determinants for listed companies in China, China Europe International Business School Working Paper.

47. Coffee, J., 1999, The future as history: The prospects for global convergence in corporate governance and its implications, *Northwestern University Law Review*, 93, 641—708.

48. Coffee, J., 2002, Racing towards the top? The impact of cross-listings and stock market competition on international corporate governance, *Columbia Law Review*, 102, 1757—1831.

49. DeFond, Mark, Mingyi Hung, Robert Trezevant, 2005, Investor protection and the information content of annual earnings announcements: International evidence, Working Paper, Leventhal School of Accounting, Marshall School of Business, University of Southern California.

50. Dewenter, K. and P. Malatesta, 2001, State-owned and privately owned firms: An empirical analysis of profitability, leverage, and labor intensity, *American Economic Review*, 91(1), 320—334.

51. Dewenter, Kathryn L., Chang-Soo Kim, Ungki Lim, and Walter Novaes, 2005, Committing to protect investors in emerging markets: Can local exchange provide value-relevant bonding mechanisms? University of Washington, Seattle working paper.

52. Doidge, C., 2004, U. S. cross-listings and the private benefits of control: Evidence from dual-class firms, *Journal of Financial Economics*, 72, 519—553.

53. Doidge, C., A. Karolyi, and R. Stulze, 2004, Why are foreign firms listed in the U.

S. worth more? *Journal of Financial Economics*, 71, 205—238.
54. Domowitz, I., J. Glen and A. Madhavan, 1998, International cross-listing and order flow migration: Evidence from an emerging market, *Journal of Finance*, 53, 2001—2027.
55. Durnev, Art, and E. Han Kim, 2005, To steal or not to steal: Firm attributes, legal environment, and valuation, *Journal of Finance*, 60, 1461—1493.
56. Dyck, Alexander and Luigi Zingales, 2004, Private benefits of control: An international comparison, *Journal of Finance*, 59(2), 537—600.
57. Easton, P., G. Taylor and P. Shroff, 2000, Empirical estimation of the expected rate of return on a portfolio of stocks, Working Paper, University of Melbourne.
58. Eisenberg, Theodore, Stefan Sundgren, and Martin T Wells, 1998, Large board size and decreasing firm value in small firms, *Journal of Financial Economics*, 48, 35—54.
59. Eric Chouinard and Chris Souza, 2004, The rationale for cross-border listings, *Bank of Canada Review*, 23—30.
60. Errunza, V., Miller, D., 2000, Market segmentation and the cost of capital in international equity markets, *Journal of Financial and Quantitative Analysis*, 35, 577—600.
61. Errunza,V.,and E. Losq, 1985, International asset pricing under mild segmentation: Theory and test, *Journal of Finance*, 40, 105—124.
62. Fama, E. and K. French, 1992, The cross-section of expected stock returns, *Journal of Finance*, 47, 427—465.
63. Fama, E., and K. French, 1993, Common risk factors in the returns on stocks and bonds, *Journal of Financial Economics*, 33, 3—56.
64. Fama, E., and K. French, 1997, Industry costs of equity, *Journal of Financial Economics*, 43,153—193.
65. Feltham, G. and J. A. Ohlson, 1995, Valuation and clean surplus accounting for operating and financial activities, *Contemporary Accounting Research*, 11, 689—731.
66. Ferguson, Michael J, Lam, Kevin C. K,Lee, Grace Meina, 2002, Voluntary disclosure by state-owned enterprises listed on the stock exchange of Hong Kong, *Journal of International Financial Management and Accounting*, 13(2), 125—152.
67. Foerster, S., G. A. Karolyi, 1999. The effects of market segmentation and investor

recognition on asset prices: Evidence from foreign stocks listing in the US, *Journal of Finance*, 54, 981—1013.

68. Frost, C., Pownall, G., 1994, Accounting disclosure practices in the United States and the United Kingdom, *Journal of Accounting Research*, 32(1), 75—102.

69. Fuerst, O, 1998, A theoretical analysis of the investor protection regulations argument for global listing of stocks, Working Paper, Yale School of Management.

70. Garbade, Kenneth D. and William L. Silber, 1979, Dominant and satellite markets: A study of dually-traded securities, *Review of Economics and Statistics*, 61, 455—460.

71. Gibson, Michael S., 2003, Is corporate governance ineffective in emerging markets? *Journal of Financial and Quantitative Analysis*, 38(1), 231—240.

72. Gledson de Carvalho, Antonio and George G. Pennacchi, 2005, Can voluntary market reforms promote efficient corporate governance? Evidence from firms' migration to premium market in Brazil, Working Paper.

73. Gode, D., and P. Mohanram, 2003, Inferring the cost of capital using the Ohlson-Juettner model, *Review of Accounting Studies*, 8, 399—431.

74. Gompers, Paul, Joy Ishii, and Andrew Metrick, 2003, Corporate governance and equity prices, *Quarterly Journal of Economics*, 118(1), 107—155.

75. Greene, W., 1993, *Econometric Analysis*. MacMillan, New York.

76. Hail, Luzi and Leuz, Christian, 2004, Cost of capital and cash flow effects of U.S. cross-listings, July, ECGI-Finance Working Paper, No. 46.

77. Hargis, K., 2000, International cross listing and stock market development in emerging economies, *International Review of Economics and Finance*, 9(2), 101—122.

78. Hargis, K., and P. Ramanlal, 1998, When does internationalization enhance the development of domestic stock markets? *Journal of Financial Intermediation*, 7, 263—292.

79. Harvey, Campbell R., Karl V. Lins, and Andrew H. Roper, 2004, The effect of capital structure when expected agency costs are extreme, *Journal of Financial Economics*, 74(1), 3—30.

80. Holthausen, R., Watts, R., 2001, Relevance of value relevance literature for financial accounting standard setting, *Journal of Accounting and Economics*, 31, 3—75.

81. Hung, Mingyi, Subramanyam, K. R., 2007, Financial statement effects of adopting International Accounting Standards: The case of Germany, *Review of Accounting Studies*, 12(4), 623—657.
82. Huson, Mark R., Paul H. Malatesta, and Robert Parrino, 2004, Managerial succession and firm performance, *Journal of Financial Economics*, 74(2), 237—275.
83. Jenkins, E., 1999, Financial reporting in a global capital market world, Financial Accounting Series, No. 198-A (June 29), 2—6.
84. Jensen, M., 1986, Agency cost of free cash flow, corporate finance, and takeovers, *American Economic Review*, 76, 323—329.
85. Johnson, S., Boone, P., Breach, A., Friedman, E., 2000, Corporate governance in the Asian financial crisis, *Journal of Financial Economics*, 58, 141—186.
86. Karolyi, G. Andrew and Lianfa Li, 2005, A resolution of the Chinese discount puzzle, Ohio State University Working Paper.
87. Kent Baker and John Nofsinger, 2002, International cross-listing and visibility, *Journal of Financial and Quantitative Analysis*, 37, 495—521.
88. King, Michael and Dan Segal, 2004, International cross-listings and the bonding hypothesis, Bank of Canada Working Paper 2004-17.
89. Klein, April, 2002, Audit committee, board of director characteristics, and earnings management, *Journal of Accounting and Economics*, 22, 375—400.
90. Kosnik, R., 1994, The role of the SEC in evaluating foreign issuers coming to the U.S. markets, *Fordham International Law Journal*, 17, s97—s111.
91. La Porta, R., F. Lopez-de-Silanes, and A. Shleifer, 2002, Investor protection and corporate valuation, *Journal of Finance*, 57, 1147—1170.
92. La Porta, R., Lopez-de-Silanes, F., Schleifer, A., Vishny, R., 1998, Law and finance, *Journal of Political Economy*, 106, 1113—1155.
93. La Porta, R., Lopez-De-Silanes, F., Shleifer, A., and Vishny, W., 2000, Agency problems and dividend policies around the world, *Journal of Finance*, 55(1), 1—33.
94. La Porta, R., Lopez-de-Silanes, F., Shleifer, A., Vishny, R., 1997, Legal determinants of external finance, *Journal of Finance*, 52, 1131—1150.
95. La Porta, R., Lopez-de-Silanes, F., Shleifer, A., Vishny, R., 2000, Investor protection and Corporate governance, *Journal of Financial Economics*, 58, 3—27.
96. Land, J., Lang, M., 2002, Empirical evidence on the evolution of international earn-

ings, *Accounting Review*, 77, 115—134.

97. Lang, M., Lins, K., Miller, D., 2003, ADRs, analysts, and accuracy: Does cross listing in the United States improve a firm's information environment and increase market value? *Journal of Accounting Research*, 41, 317—345.

98. Lang, M., Raedy, J., Yetman, M., 2003, How representative are firms that are cross listed in the United States? An analysis of accounting quality, *Journal of Accounting Research*, 41, 363—386.

99. Lang, M., Smith Raedy, J., Wilson, W., 2006, Earnings management and cross listing: are reconciled earnings comparable to U.S. earnings? *Journal of Accounting and Economics*, 42, 255—283.

100. Lemmon, Michael L. and Karl V. Lins, 2003, Ownership structure, corporate governance, and firm value: Evidence from the East Asian financial crisis, *Journal of Finance*, 58(4), 1445—1468.

101. Leuz, Christian, 2006, Cross listing, bonding and firms'reporting incentives: A discussion of Lang, Raedy and Wilson (2006), *Journal of Accounting and Economics*, 42, 285—299.

102. Leuz, Christian, Dhananjay Nanda, and Peter Wysocki, 2003, Earnings management and investor protection: An international comparison, *Journal of Financial Economics*, 69, 505—527.

103. Levin, R., Zervos, S., 1998, Stock markets, banks, and economic growth, *American Economic Review*, 88(3), 537—558.

104. Licht, A., 2000, Genie in a bottle? Assessing managerial opportunism in international securities transactions, *Columbia Business Law Review*, 2000, 51—120.

105. Licht, A., 2003, Cross-listing and corporate governance: Bonding or avoiding? *Chicago Journal of International Law*, 4, 141—163.

106. Liu, Qiao, Zhou (Joe) Lu, 2003, Earnings management to tunnel: Evidence from China's listed companies, Working Paper, University of Hong Kong.

107. McConnell, John J. and Henri Servaes, 1990, Additional evidence on equity ownership and corporate value, *Journal of Financial Economics*, 27, 595—612.

108. Megginson, W., R. Nash, and M. Randenborgh, 1994, The financial and operation performance of newly privatized firms: An international empirical analysis, *Journal of*

Finance, 49(2), 403—452.
109. Merton, R., 1973, An intertemporal capital asset pricing model, Econometrica, 41, 867—887.
110. Merton, R., 1987, A simple model of capital market equilibrium with incomplete information, Journal of Finance, 42, 483—510.
111. Michael J. Ferguson, Kevin C. K. Lam, Grace Meina Lee, 2002, Voluntary disclosure by state-owned enterprises listed on the stock exchange of Hong Kong, Journal of International Financial Management and Accounting, 13(2), 125—152.
112. Midigliani, Franco and Merton Miller, 1958, The cost of capital, corporate finance and the theory of investment, American Economic Review, 48, 261—297.
113. Miller, D., 1999, The market reaction to international cross-listings: Evidence from depository receipts, Journal of Financial Economics, 51, 103—123.
114. Miller, Merton, and Kevin Rock, 1985, Dividend policy under asymmetric information, Journal of Finance, 40, 1031—1051.
115. Mitton, Todd, 2002, A cross-firm analysis of the impact of corporate governance on the East Asian financial crisis, Journal of Financial Economics, 64(2), 215—241.
116. Morck, R., A. Shleifer, and R. Vishny, 1988, Management ownership and market valuation: An empirical analysis, Journal of Financial Economics, 20, 293—315.
117. Nenova, Tatiana, 2003, The value of corporate voting rights and control: A cross-country analysis, Journal of Financial Economics, 68, 325—351.
118. Ohlson, J. A., 1999, Discussion of an analysis of historical and future-oriented information in accounting-based security valuation models, Contemporary Accounting Research, 16(2), 381—384.
119. Ohlson, J. A. and B. Juettner-Nauroth, 2005, Expected EPS and EPS growth as determinants of value, Review of Accounting Studies, 10(2—3), 349—365.
120. Pagano, M., Röell, A., Zehner, J., 2002, The geography of equity listings: Why do companies list abroad? Journal of Finance, 57, 2379—2856.
121. Pagano, Marco, Otto Randl, Ailsa A. Röell, and Josef Zechner, 2001, What makes stock exchanges succeed? Evidence from cross-listing decisions, European Economic Review, 45, 770—782.
122. Pearce, J., Zahra, S., 1992, Board composition from a strategic contingency perspective, Journal of Management Studies, 29, 411—438.

123. Pfeffer, J., 1973, Size composition and functions of hospital boards of directors: A study of organization-environment linkage, *Administrative Science Quarterly*, 18, 349—364.
124. Pownall, G., Schipper, K., 1999, Implications of accounting research for the SEC's consideration of international accounting standards, *Accounting Horizons*, 13, 259—280.
125. Qian Sun, Wilson H. S. Tong, Yujun Wu, Bonding premium: A general phenomenon, Nanyang Technological University Working Paper, 2006.
126. Rajan, R., Zingales, L., 1998a, Financial dependence and growth, *American Economic Review*, 88(3), 559—586.
127. Rajan, R., Zingales, L., 1998b, Which capitalism? Lessons from the East Asian crisis, *Journal of Applied Corporate Finance*, 11(3), 40—48.
128. Reese, William A., Jr. and Michael S. Weisbach, 2002, Protection of minority shareholder interests, cross-listings in the United States, and subsequent equity offerings, *Journal of Financial Economics*, 66(1), 65—104.
129. Ritter, Jay R., 2005, Economic growth and equity returns, *Pacific-Basin Finance Journal*, 13, 489— 503.
130. Ross, S. A., 1976, The arbitrage theory of capital asset pricing, *Journal of Economic Theory*, 13, 341—360.
131. Saudagaran, S. M., 1988, An empirical study of selected factors influencing the decision to list on foreign stock exchanges, *Journal of International Business Studies*, 19, 101—127.
132. Sharpe, W. F., 1964, Capital asset prices: A theory of market equilibrium under conditions of risk, *Journal of Finance*, 19, 425—442.
133. Shleifer, A. and R. Vishny, 1986, Large shareholders and corporate control, *Journal of Political Economy*, 94, 461—488.
134. Shleifer, Andrei, and Robert Vishny, 1997, A survey of corporate governance, *Journal of Finance*, 52, 737—783.
135. Siegel, Jordan, 2005, Can foreign firms bond themselves effectively by renting U. S. securities laws? *Journal of Financial Economics*, 75(2), 319—359.
136. Singh, Manohar and Wallace N. Davidson III, 2003, Agency costs, ownership struc-

ture and corporate governance mechanisms, *Journal of Banking and Finance*, 27, 793—816.

137. Song, X., 1995, Probing into problems of FDI mergering and purchasing state-owned enterprises in China, *China Industrial Economy* July, 72—75.

138. Stapleton, R. C, and M. G, Subrahmanyam, 1977, Market equilibrium, capital market imperfections and corporate finance, *Journal of Finance*, 32, 307—319.

139. Stulz, R., 1999, Globalization of equity markets and the cost of capital, NBER Working Paper, No. 7021.

140. Stulz, R. M., 1981, A model of international asset pricing, *Journal of Financial Economics*, 9, 383—406.

141. Stulz, R. M., 1981, On the effects of barriers to international investment, *Journal of Finance*, 36, 923—934.

142. Stulz, Rene M., 1999, Globalization, corporate finance, and the cost of capital, *Journal of Applied Corporate Finance*, 26, 3—28.

143. Sun, Q. and W. Tong, 2000, The effect of market segmentation on stock prices: The China syndrome, *Journal of Banking and Finance*, 24(12), 1875—1902.

144. Wang, F. H., and Y. X. Xu, 2005, What determines Chinese stock returns? *Financial Analyst Journal*, 60, 65—77.

145. Wójcik, Dariusz, Gordon. L Clark, and Robert Bauer, 2004, Corporate governance and cross-listing: Evidence from European companies, www.ssrn.com.

146. Yermack, David, 1996, Higher market valuation of companies with a small board of directors, *Journal of Financial Economics*, 40(2), 185—211.

后　记

本书是在我的博士论文基础上形成的。为了保持博士论文的原汁原味，并未在论文框架和数据分析上做较大的修改。回首在上海财经大学求学三年紧张而充实的点点滴滴，感慨万千，许许多多的关心和帮助值得感谢与珍藏！

首先，感谢我的导师潘飞教授！能够成为潘老师的学生是我人生的一大幸事。记得第一次与潘老师见面时，我还只是一个普通的中南财经政法大学的硕士生，当时潘老师已是国内著名的会计学家，可他依然平和、热情地接待了我这名外校的无名小卒，他非常友善地询问我的情况，并耐心地为我解答疑难，鼓励我努力备考，并表示他会根据成绩公正地录取博士生。在有幸成为潘老师的学生之后，尽管先生的行政科研工作繁忙，但是他还时刻不忘对学生的指导，时刻掌握我们的状况。从学习到生活的各个方面都给予我们深切的关怀。在学术研究上，他多次召开师门研讨会，关心我们的学习情况；为了做出一些原创性研究，他多次带领我们实地调研；在论文写作上，他对每一篇论文都认真修改多次，以达到精益求精；在日常生活中，他平易近人，对人从不带偏见，不摆架子。先生豁达的心胸、深厚的学识和精益求精的治学态度时刻教育着我、督促着我和鼓励着我。在博士论文的选题、修改到定稿的整个过程中，先生不断给我指导和启发，鞭策我深入思考、严谨求实，同时鼓励我大胆创新，给我信任和发挥的空间。正是这种支持与鼓励才使得论文的诞生成为可能。潘老师为人处事的风格和对学术的认真与执著，是我一生学习的目标。

香港理工大学的陈世敏教授是潘飞教授的挚友，也是我的另一位导师。陈老师学术造诣深厚，是华人会计学界的著名学者，在管理会计、国际会计、公司财务领域硕果累累。自与陈教授相识并成为他的学生以来，陈老师就一次次提醒我们要抓紧时间阅读文献，早做准备，鼓励我创造优秀成果，一步一步引导我走向学术殿堂。在博士论文的写作过程中，陈教授对论文立意、研究方法和角度方面给予了非常有益的启发和建议。他每次回到上海都与我们仔细交谈论文进展，并多次从香港打电话给我，还找到境外上市最新的研究成果给我。陈老师热情待人的处世态度和严谨治学的研究态度深深感染了我。

我还要感谢中欧国际工商学院的张春教授！张教授是国际著名的金融学家，曾在美国明尼苏达大学卡尔森管理学院任教17年。在博士求学期间，我有幸得到张教授的认可，到中欧国际工商学院做兼职研究员。其间，张教授引导我对会计和金融领域的一些新问题进行研究和探索。他耐心指导我如何研究公司财务，在数据处理、实证分析以及理论框架的建立方面给我以潜移默化的影响。在与张教授无数次的讨论与交谈中，我感受到他渊博的知识、严谨的学术态度，灵活开阔的思路和前瞻性的视角以及对学术研究的热爱与执著。这些也深深地感染了我，对学术事业的追求更加坚定。

感谢各位授课老师和海内外学者！他们是香港中文大学的黄德尊教授、范博宏教授，香港城市大学的苏锡嘉教授、陈杰平教授，香港科技大学的陈建文教授、张国昌教授，香港理工大学的俞伟峰教授、陈世敏教授，等等。他们的授课给我带来了国际前沿的研究方法和学术动态，使我对财务会计、公司财务、管理会计、国际会计、独立审计的前沿领域有了较为全面的了解。

最后，感谢北京市社会科学理论著作出版基金对本书的资助，感谢北京大学出版社朱启兵编辑和林君秀主任的辛勤劳动和大力支持。厦门大学的吴世农教授在百忙之中审阅了书稿,并给我提了很多宝贵的意见,在此深表谢意。学术研究的道路是痛苦而美好的,我将继续努力,奋勇向前。

沈红波

2008 年 8 月